# 跨国经营企业汇率风险研究

张新杰　都红雯　著

ZHEJIANG UNIVERSITY PRESS
浙江大学出版社

# 目　录

# 前　言

　　汇率波动及其相关问题研究是近年的一个热点,但基本上集中在汇率波动对一国国际贸易的影响或对一国股市的影响,而关于汇率波动对一国跨国经营企业经营业绩影响方面的研究文献较少,尤其是实证研究则更少,本书试图在这方面作些有益探索,以期抛砖引玉。

　　改革开放以来,我国的跨国经营业务得到了非常快速的推进,从 1979 年以前的对外经济技术援助以及对外工程承包和劳务输出,逐步发展到金融保险、咨询服务、资源开发、生产、交通运输、医疗卫生、旅游等行业;进出口贸易额从 1978 年的 206.4 亿美元增加到 2006 年的 17606.9 亿美元,足足增长了 84.3 倍;实际利用外资从 1983 年的 22.6 亿美元增加到 2006 年的 694.68 亿美元,增长了 29.7 倍。尤其是 20 世纪 90 年代以来我国的进出口贸易额和实际利用外资额都急剧扩大,国内经济日益融入国际经济体系,也愈发受到国际经济的影响。

　　但随着跨国经营业务的日益扩大,企业面临着巨大的汇率风险。鉴于我国汇率制度的不断改革和完善,尤其是 2005 年 7 月 21 日开始实行以市场供求为基础、参考一篮子货币为调节、有管理的浮动汇率制度后,人民币汇率开始走向市场,人民币汇率变动的频率和幅度将逐渐加大。2006 年 5 月 15 日,中国外汇交易中心当日公布的美元兑人民币汇率中间价 12 年来首次突破 1:8,为 1:7.9982。2006 年 7 月 20 日,在启动人民币汇率形成机制改革一周年后,人民币累计升值约 3.5%;至 2007年 12 月 31 日,人民币汇率中间价已达 7.30,再创汇改以来新高,累计升值幅度已超过 11.7%。2008 年 4 月 10 日,美元对人民币汇率中间价报 6.9920,首次突破 7 元关口。频繁而剧烈的汇率波动将越来越深地影响正在不断拓展和扩大的中国跨国经营业务,大量的汇兑损益将直接关系到这类企业的成本效益和发展壮大,从而影响到整个国民经济的良好运行。

因此,借鉴国外研究经验,对汇率波动与中国跨国经营企业的主营业务利润建立计量经济模型,采集一定量的样本数据验证汇率波动对跨国经营企业经营业绩的影响,以期揭示汇率波动与我国跨国经营企业经营业绩之间的内在关系,填补国内相关研究的空白,并就实证结果提出相关建议与对策,帮助跨国经营企业合理有效地运用各种基础金融工具和衍生金融工具以加强汇率风险管理,改善经营业绩,使其进入良好运行状态,这正是本书的研究目的所在。

本书共分八章进行分析和论述。第一章在界定跨国经营概念的基础上,概述跨国经营活动的产生与发展、阐述并评析各种跨国经营理论;第二章分析中国企业跨国经营发展历程和基本现状,其对国民经济发展的贡献以及目前面临的核心问题——汇率风险;第三章在阐析国内外相关研究文献的基础上,选取电子信息产业和浙江省进出口业务较多的部分电子信息类跨国经营企业为样本,以受汇率波动影响最直接的主营业务利润为经营业绩指标,建立汇率和跨国经营企业主营业务利润之间的计量经济学模型进行实证研究,并对实证结果作进一步分析;第四章阐述跨国经营企业如何采取货币保值措施、金融市场操作以及提前或延期结汇、进出口贸易结合、BSI、LSI、福费廷、保付代理、货币风险保险、经营活动多样化、财务活动多样化、资产负债表抵补保值等一系列管理措施,以及如何运用限价、一般远期、择期、套汇、套利、套期等基础金融工具及其交易活动用以管理汇率风险;第五章阐述跨国经营企业如何运用各种衍生金融工具所具备的独特的汇率风险管理功能,如外汇期货的套期保值功能、外汇期权的远期选择功能、互换交易的"双赢"功能以及综合远期外汇协议的"锁定"功能等,以合理有效地规避和防范汇率风险;第六章分析跨国经营企业运用衍生金融工具管理汇率风险的动因以及现状,并对存在的企业经营管理者金融风险意识淡薄、商业银行等金融机构提供衍生金融工具规避汇率风险的业务能力尚有欠缺、外汇管制过严以及会计制度相对滞后等主要问题进行剖析;第七章为中国跨国经营企业如何加强运用衍生金融工具管理汇率风险进行制度设计,提出了完善公司治理结构、健全商业银行业务规范细则、放松金融管制、加强监管和法律法规制度建设、修正会计制度、发展衍生金融市场等系列对策与建议;第八章为结束语。其中,第三、四、五、六、七章是本书的研究重点。

　　本书力求理论联系实际,相关数据与问题分析截至 2007 年底或 2008 年初为止,时效性较强。本书主要面向从事跨国经营活动的各类企业管理人员,同时也可作为经管类专业研究生或高年级本科生的学习参考用书。

　　本书的撰写工作由浙江国际海运职业技术学院张新杰和杭州电子科技大学都红雯共同完成。其中,张新杰负责第一章、第二章第一、二、三节和第七章,都红雯负责第二章第四节、第三章、第四章、第五章、第六章和第八章。

　　本书在写作过程中参考了国内外同行的研究成果,为此,谨向有关作者表示真挚的谢意。本书的完成还得到了庄巧英、陈高才、杨威、曾爱民、胡赟、陆嫣、陈宇轩等同学的帮助,在此一并表示感谢。

　　参加本书撰写的作者都做出了最大的努力,但囿于学识与水平,难免有疏漏和不尽如人意之处,恳请批评指正。

**作者**
2008 年 10 月 6 日于杭州

# 第一章　跨国经营概述

企业的跨国经营活动至今已有五个多世纪的发展历程,在世界经济发展的舞台上占据着举足轻重的地位。其相关的理论研究也已历经了三个多世纪的演变与发展,日趋成熟和完善。

## 第一节　跨国经营概念辨析与界定

跨国经营是指企业对外直接投资,即通过国外生产、国外销售来实现企业的国际化,反映的是国际经济之间的联系,主要体现在要素配置、生产经营、产品交换三方面,其实质是以国际市场为舞台、以开拓国际市场为目标、通过在国外设立分支机构或子公司、广泛利用国内外资源进行综合运筹、全方位地参与国际分工竞争和合作。

正确、清晰地把握跨国经营的基本含义,必须界定它与以下几个相关概念的差异与区别。

### 一、跨国经营与进出口贸易

一般的进出口贸易仅涉及商品跨越国界的销售活动,即仅仅是产品从国内销到国外,没有对外直接投资,不涉及国外经营问题;而跨国经营则是指跨国公司在世界范围内的生产经营活动,通过对外直接投资、在国外设立分支机构或子公司、运用国内外资源全方位地参与国际分工竞争和合作。

## 二、跨国经营与对外投资

对外投资具体包括对外直接投资（Foreign Direct Investment，FDI）和对外间接投资（Foreign Indirect Investment，FII）两种形式。对外直接投资是指在投资人以外的国家或经济体所经营的企业中拥有持续利益的一种跨国投资活动，其目的在于对该企业的经营管理具有有效的发言权；对外间接投资是指投资人在国际债券市场购买中长期债券或在外国股票市场上购买企业股票，以取得利息或股息的一种跨国投资活动，其目的在于资本增值、获得投资收入或资本收入。两者的根本区别在于是否拥有对企业的控制权和经营管理权。

对外投资是跨国经营企业或跨国公司的主要活动，但并不是其全部的经济活动。

## 三、跨国经营与国际化经营

国际化经营是指直接面向国际市场，积极参与国际分工与国际竞争，以产品出口或外部资源利用为导向的企业经营活动。美国的里基·W.格里芬教授认为，从国内企业和国际市场发生关系的角度来看，国际化经营大体上可分为以下五种情况：纯属国内性质的企业；进出口公司；在国外设立办事处的贸易公司；在国外开办工厂的公司；与国外公司合资经营的公司。

显然，国际化经营是企业经营活动的一种形式，而跨国经营则是国际化经营的深层次发展；国际化经营强调参与国际分工与国际竞争，注重产品在国际市场上的竞争，而跨国经营则将企业自身完全融入全球经济，注重在全球范围内优化资源配置；国际化经营是一种立足国内的目标取向，而跨国经营则是一种全球经营理念的实践。

## 四、跨国经营企业与跨国公司

一家企业从进行第一次对外直接投资并开展跨国经营活动起,便是跨国经营企业,这不仅仅表现于经营活动的跨国界延伸,还包括了经营组织的跨国界扩展。跨国经营企业的海外分支机构处在不同的政府和法律管辖之下,连公司的经营决策等行为也受到不同于国内企业的因素的影响和制约。

跨国公司则是跨国经营企业深层次发展的未来模式。根据1983年联合国跨国公司委员会在拟订《跨国公司行为守则》时所下的定义,跨国公司是指由分设在两个或两个以上国家的实体组成的企业,而不论这些实体的法律形式和活动范围如何;这种企业的业务是通过一个或多个活动中心,根据一定的决策体制经营的,可以具有一贯的政策和共同的战略;企业的各个实体由于所有权或别的因素相联系,其中一个或一个以上的实体能对其他实体的活动施加重要影响,尤其可以与其他实体分享知识、资源以及分担责任。简言之,跨国公司是指在两个或两个以上的国家内开展业务,拥有一个能反映企业全球战略目标的中央决策体系,且各个实体以独立法人资格分享信息、资源和分担责任的工商企业。

一家跨国公司本身必定是跨国经营企业,凡是跨国经营企业所具备的一些经营特征,跨国公司也同时具备。跨国经营是一个国内企业成长为跨国公司的过程性和阶段性的概念。从企业成长的角度看,跨国经营是跨国公司成长的必经阶段和起步阶段。

综上所述,所谓跨国经营,必须具备两个基本要素:一是要进行对外直接投资,即强调企业对海外资产的控制权,或对其经营管理施加有效影响,这种控制和有效影响一般是通过股权来保证的。这就将国际化经营的初级阶段即仅从事商品和劳务进出口业务的国际化经营活动排除在跨国经营范畴之外,但并非所有的对外直接投资活动都将导致跨国经营的产生。二是要根据优化资源配置的原则,在最有利于实现企业战略目标的国家直接设置生产经营基地,并以此为基础在母国之外的其他国度里展开以营利为目的的生产经营活动。

本专著的研究对象为从事跨国经营业务的企业。

# 第二节 跨国经营的产生与发展

## 一、跨国经营的产生

15 世纪起,旨在发现新大陆的海上探险活动逐渐活跃起来,这些活动促进了早期西方国家的经济扩张,从而拉开了跨国生产经营的序幕。

16 世纪和 17 世纪,随着交通运输工具的较大改善和新航线、新大陆的不断发现,跨国商贸活动的范围日益扩大。然而,与商品贸易相比,这一时期的对外直接投资微不足道,其目的主要是为了促进国际贸易活动和加强海外殖民统治。因此,只有英国和法国的个别企业持有少量的对外直接投资。

到 18—19 世纪中叶,随着欧洲大陆各国和美国的工业化初步完成,机器大工业生产的开展,建立在国际贸易基础上的国内分工制度和社会化生产开始迅速向世界范围延伸,将各个国家都卷入了世界经济的漩涡,生产和消费日益呈现世界性。与此同时,工业化使产品生产效率空前提高,企业迫切需要对外扩张以寻求资源和销售市场。而技术革新活动使交通和通讯技术获得飞速进步,铁路、电报、电话的发明与普遍应用使企业的跨国经营更为方便,成本更为低廉。这一切为企业的跨国经营奠定了良好的物质基础,由此,资本输出成为这一时期的重要经济特征。

美国是最早进行制造业跨国直接投资的国家。1804 年,两家美国公司在加拿大魁北克建立了造纸厂;1820 年,约瑟夫·戴尔在英国建厂生产美国设计的机器。1851 年的伦敦博览会上,美国产品深受欢迎,但从美国向英国出口产品成本过高,于是,美国企业开始通过技术转移或直接投资大量涌入英国市场。1866 年,胜家(Singer)公司在英国建立分厂生产缝纫机,并陆续扩展到欧洲各国,垄断了欧洲市场。此后,美国的西方联合电报公司、贝尔电话公司、爱迪生电灯公司、威斯汀豪斯电气公司、伊斯曼·柯达公司、奥的斯电梯公司、国际收割机公司、美孚石油公司等紧随其后效仿追随。与此同时,欧洲企业也纷纷进入美国设立子公司,如 1801 年成立的杜邦公司(Dupont Company)就是借助法国资本和管理力量而建成。19 世纪后期,由于关税提高,导致流入美国的直接投资大幅度增加。

英国则开了金融资本输出的先河,是首先进行大规模资本输出的国家。早在拿破仑战争之后英国就开始资助欧洲重建,19 世纪 20 年代大规模投资于拉丁美洲。由金融资本资助的海外公司大致有三种类型:通过伦敦证券市场筹集资金而成立的独立公司,这类公司除在母国设有一个总部外,生产经营活动遍布其他国家;由东道国企业家或管理人员成立,但需依靠国外资本的公司;在 17 世纪和 18 世纪建立的大型贸易集团基础上发展起来的投资集团,由海外的采矿、制造或服务业企业的股东或企业家组成,主要业务是促进英国各种类型商业和国际贸易活动的发展。

早期较大规模的跨国经营活动出现于 19 世纪 70 年代至 1914 年第一次世界大战之前。其动因有二:一是为了获得新市场;二是为了获得新资源。以资源为目标的直接投资多数流向发展中国家,而以市场为目标的直接投资则基本在欧美工业化国家之间流动。到第一次世界大战前夕,随着经济发展和生产规模的日益扩张,企业的跨国经营开始由原来以商品买卖等贸易主导的形式向更多的生产活动投资形式转变。同时,生产厂商们所关注的战略重点已由谋求原料供应为主的成本因素逐步转向以谋求市场拓展、扩大市场占有率为主的销售收入因素,此时的跨国经营企业越来越多地以在海外设立分支工厂的形式开展对外直接投资活动。

## 二、跨国经营的发展

### (一)两次世界大战期间的跨国经营活动

1914—1945 年两次世界大战期间,由于两次世界大战主要发生在欧洲大陆,战争对经济体系的空前破坏、战后的巨额战争赔款与重建负担,导致欧洲参战国卖掉了部分海外投资企业,而1929 年下半年发生的严重经济危机以及此后持续多年的经济萧条,进一步限制了欧洲主要资本输出国的跨国经营活动。相反,在两次世界大战中受到战争影响及破坏较小的美国,这一时期的对外投资却增长较快。从 1914 年到 1938 年,在世界对外投资总额中,英国的对外直接投资所占比重由 44.6% 降到39.8%,法国由 12% 降到 9.5%,德国由 10% 降到 1.3%,而美国的对外直接投资则由 18.2% 升至 27.7%[①]。据统计,美国187 家制造业大公司在海外的分支机构在 1913 年为 116 家,1919 年为 180 家,1929 年为 467 家,1939 年增加到 715 家,26年间增幅达 83.78%。到 1945 年,美国凭借其在两次世界大战中军火生意积累起来的巨额财富以及军事工业的发展,迅速扩

---

① 原毅军:《跨国公司管理》,大连理工大学出版社,1999,第 12 页。

张其对外直接投资领域,终于超过了英国,位居世界第一。

两次世界大战期间,由于经济萧条和战争等因素,国际经贸环境恶化,许多国家产生了强烈的自我保护倾向,提高关税并加强进口管制。这迫使企业用跨国生产来代替出口贸易,使跨国经营出现了纵向一体化和多样化方式,内部交易规模和数量大幅度增加,而且对外直接投资流向发展中国家的比重增加。

**(二)第二次世界大战后—20 世纪 60 年代的跨国经营活动**

在此期间,美国的跨国经营发展占据了主导地位。第二次世界大战后,美国推行的"马歇尔计划"对欧洲的战后重建工作进行了有力的支援,同时也为其资本进入欧洲市场铺平了道路。1944 年建立的以美元为中心的布雷顿森林体系为美元的国际流动奠定了良好的金融基础,1948 年成立的关贸总协定则削弱了各国的贸易壁垒,使国际支付与国际贸易自由化重新成为可能。这使得美国在占据了传统初级产业部门跨国经营优势地位的同时,还将其在战争期间发展起来的计算机、半导体、石油化工、化学、机械、仪器仪表等新兴产业部门投资到欧洲建厂以垄断原料和市场,在满足欧洲各国为复兴本国经济而迫切需要科学技术的同时,也赚取了高额的利润,美国由此取代英国成为最大的对外直接投资国。1950—1960 年的 10 年中,在新增的世界对外直接投资中美国占了 85%。1960 年,世界最大的 5 个对外投资大国分别是美国、英国、荷兰、法国和加拿大,其累计投资额的绝对数分别是 319 亿美元、108 亿美元、70 亿美元、41 亿美元和 25 亿美元,相对比重则为 49%、16.6%、10.8%、6.3%和 3.8%[①]。

这段时期跨国经营发展的一个明显特征是以获取国内生产

---

①　鲁明泓:《国际企业管理》,中国青年出版社,1996,第 33 页。

所需资源为基础的对外投资占据了很大比例。战后西方发达国家经济的快速发展导致对资源的需求大幅度增加,为了保证国内生产所需原材料、能源等资源供应,许多跨国公司向东道国采矿、石油等行业投资,建立原材料生产基地。例如,1950年,美国对外直接投资在采矿和石油行业的比重最高。

此外,第二次世界大战后初期跨国经营发展的一个趋势是对外直接投资更多地流向发达国家。在两次世界大战期间,流向发达国家的直接投资比例大约是1/3,到1960年这个比例升至2/3。美国跨国经营的投资重点是加拿大和西欧,而英国跨国经营主要向英联邦国家发展,其中澳大利亚、加拿大和南非是其投资重点。

### (三)20世纪60年代—20世纪90年代的跨国经营活动

在此期间,欧洲各国经济逐步恢复、日本经济迅速发展、亚洲和拉丁美洲的一些新兴工业化国家和地区经济不断崛起,而美国则因受美元贬值及布雷顿森林体系崩溃等影响,经济发展迟缓。这些因素和力量的此消彼长使世界经济格局发生了显著变化,美国逐渐丧失了世界最大资本输出国的优势地位,被后起的欧洲和日本赶超。据统计,自20世纪80年代中期之后,美国的对外直接投资增长速度明显低于其他国家,在世界对外直接投资前五位的发达国家中,其所占比重的平均值在1981—1985年间尚为23%,在五个发达国家中仍居第一,但到了1986—1990年则跌至13%,沦为继日本和英国之后第三的位置。在对外直接投资增长率均值的统计中,美国的衰落则表现得更为明显,1981—1985年间,其平均对外直接投资增长率为5%,远远低于同期德国的13%与日本的8%;1986—1990年间,法国、日本与德国的平均对外直接投资增长率分别为45%、32%和27%,都远远高于美国16%的平均增长率。由此,国际直接投资形成了美、日、欧三足鼎立的局面。

与此同时,发展中国家的对外直接投资活动也开始出现并取得了一定的发展。20 世纪 70 年代以前,对外直接投资主要在西方发达国家之间流动。随着经济高速增长、投资环境不断改善,亚洲和拉丁美洲的一些新兴工业化国家和地区成为吸引对外直接投资的重要地区,并开始尝试对外直接投资。在 1981—1990 年间的对外直接投资中,发展中国家仅占世界总量的 2%～3%,数量上处于明显劣势,但在对外直接投资增长率均值的统计方面,却呈现出较强的快速增长态势,1981—1985 年,发展中国家的对外投资平均增长率为 33%,而 1986—1990 年则为 45%。

这段时期企业跨国经营的主要特征表现为以下两方面:

一是跨国经营目标和经营模式的转变。跨国经营目标由早期的谋求新市场和生产资源,转向谋求优化跨国生产经营活动布局和获取战略性资产。在此目标驱动下,越来越多的企业在制定和实施跨国经营战略时,都从全球市场角度配置资源,使不同的国外子公司在跨国生产经营活动中有着不同分工,并通过跨国公司总部统一控制和协调。这种新型的跨国经营模式首先为日本企业推出,并在 20 世纪 70 年代后期和 80 年代获得巨大成功。随后,欧美的大型跨国企业也开始采用这种跨国经营模式。

二是服务业的崛起与发展。70 年代以前,跨国性直接投资大多由贸易型企业发起,而后随着经济发展和生产力提高,以投资设厂、靠近消费市场为主要目的的生产性跨国投资开始占据主导地位。到了 80 年代,生产力的进一步提高,使市场经济体系中的服务性行业发挥出更为重要的作用,其规模也逐渐扩大。伴随着服务贸易市场在世界范围内的不断扩张,会计、广告、零售、旅馆、快餐及饭店连锁、市场调研、法律服务、银行、证券、保险、出版、航空和其他运输业等许多服务性企业也开始逐步走出母国,在海外投资并开展相关业务。20 世纪 80 年代后,世界范围内对外直接投资总量中服务业所占比重不断上升,70 年代时其比重为 25%,80 年代中期上升到 40%,到了 90 年代中后期则上升为 53%。由此可见,世界范围内服务性对外直接投资已经开始成为跨国直接投资的主导投资形式。

### (四)20 世纪 90 年代以来的跨国经营活动

20 纪 90 年代以来,尤其是进入 21 世纪后,跨国经营活动出现了一些新的变化和发展趋势。

1.跨国并购成为跨国直接投资的主要方式

随着全球经济一体化的迅猛发展,企业并购浪潮的不断扩大,企业跨国经营的对外资本输出方式发生了重大变化,除了在海外创建方式进行直接投资外,也开始了大规模的跨国并购——兼并东道国企业以利用其已有优势谋求发展。

跨国并购始于 20 世纪 80 年代初期,近 30 年来,在经济全球化的趋势下,以强化市场地位、降低成本、提高效率、优化资源配置为目的的跨国并购活动异常活跃,快速发展。据联合国贸易与发展会议的统计,1980 年,全世界跨国并购投资总额为 500 亿美元,1985 年上升到 1500 亿美元,1995 年达到 2290 亿美元,2000 年上升至历史最高纪录 11438 亿美元,占当年国际直接投资总额的 76.7%,成为跨国直接投资的主要方式。

2001 年以后的几年里,受"9·11 事件"和信息产业泡沫破裂的影响,世界经济陷入衰退,国际直接投资和跨国并购也出现大幅度萎缩。2001 年跨国并购额只有 5939.6 亿美元,仅为 2000 年的一半,2002 和 2003 年又分别下降到 3697.9 亿美元和 2969.9 亿美元。

但 2004 年后,跨国并购重新活跃,形成了新一轮跨国并购的浪潮。2004 年跨国并购额回升至 3806 亿美元,占当年国际直接投资总额的 58.7%;2005 年跨国并购额增长了 40%,达到

5300 亿美元,占当年国际直接投资总额的 59.1％,依然是跨国直接投资的主要方式。

2. 主要发达国家在国际直接投资中仍居主导地位

20 世纪 90 年代后,发达国家之间、发展中国家之间、发达国家向发展中国家、发展中国家向发达国家等多种形式的国际直接投资均得到了极大的发展,但发达国家之间相互直接投资依然占据主导地位,约占国际直接投资总量的 80％以上。

其中,美、日、欧仍处于举足轻重的地位,1998 年,三者的国际直接投资流入额与流出额分别占全世界总额的 67.4％和 86.8％;2001 年为 61.7％和 83.0％。

3. 发展中国家在国际直接投资中的地位不断上升

尽管发达国家在国际直接投资中占有主导地位,但是随着发展中国家的经济发展以及国内生产力水平的不断提高,发展中国家吸引了越来越多的国际投资,呈现不断增长的势头。1994 年,发展中国家吸收国际投资 840 亿美元,占世界直接投资的 37％;2005 年,吸收国际投资 2690 亿美元,约占世界直接投资的 30％。

与此同时,发展中国家的跨国企业正在迅速拓展其海外业务,已开始接近或正在赶超世界最强的跨国公司。以中国企业为例,截至 2001 年底,最大的 12 家跨国公司控制着超过 300 亿美元的国外资产。这一数字接近 20 世纪 90 年代拉丁美洲的全部资本输出总量。

4. 跨国经营活动在世界经济中发挥着越来越重要的作用

(1)加速资本国际流动。跨国经营活动中,无论是以对外直接投资方式在东道国建立子公司,还是跨国并购,都必须注入资本,产生资本流出;经营获得的利润汇回母公司,产生资本流入。围绕遍布世界各地的生产经营活动形成的资本流动和集中,促进了资本的跨国流动,提高了资金的使用效率,推动了世界经济发展。根据相关统计资料,2002 年跨国经营活动中对外直接投资形成的资本存量高达 7 万多亿美元。

此外,跨国经营活动还从事各种证券投资,在母国以外的证券交易市场上买卖股票和债券,成为国际资本流动的重要组成部分。大量金融资本的流入流出促进了跨国银行、跨国投资公司和跨国保险公司等金融机构的发展,从而进一步加速了资本的国际流动。

(2)促进国际贸易。世界范围内国际贸易的增长与跨国经营活动的发展密不可分。伴随对外直接投资所产生的商品输出和输入,跨国公司在东道国建立生产型子公司,往往需要从其他国家购入所需的各种机器设备,投入生产后可能还需进口原材料和零部件。同时,为了保持技术优势,防止技术向外扩散,许多技术只限于公司内部使用,这种技术转移构成了母公司与国外子公司之间的跨国性内部贸易。据联合国相关统计资料表明,2002 年,母子公司及子子公司之间的商品跨国交易额占了当年国际商品贸易总额的 70%,技术跨国交易额占专有生产技术贸易额的 90%。2004 年,母子公司及子子公司之间的内部贸易在世界贸易总额中占了 1/3 以上。

(3)推动全球化经济一体化的发展。传统的国际贸易以各国的比较优势为基础。各国根据本国需要和资源优势,集中生产某些产品,并借助对外贸易互通有无。跨国经营活动的发展大大改变了各国在国际市场上互通有无的贸易格局,打破了各国自成体系的分工与协作,逐步建立了全球范围内的生产分工与协作体系,如美国波音公司生产的 747 型客机的 450 万个零部件由分布在 26 个国家的 25000 家企业分别制造,其中,非美国企业提供的产品重量占了飞机总重量的 70%。同时,跨国经营活动的发展促使许多行业的全球性市场逐步形成,如可口可乐饮料、肯德基快餐等遍布世界各地,成为全球性产品。由此,推动了全球经济一体化的发展。

　　据联合国贸易和发展会议《2002 年世界投资报告》统计，2001 年，全世界的外国子公司总计雇用了大约 5400 万员工，其销售额将近 19 万亿美元，这一数字是当年世界出口总额的两倍以上。同时，国际对外直接投资总额从 1990 年的 1.7 万亿美元增加到 2001 年的 6.6 万亿美元，全球范围内的国外子公司目前占世界生产总值的 1/10，世界出口额的 1/3。

# 第三节　跨国经营理论

　　跨国经营理论非常丰富，主流学说主要被分为两大类：一类为基于国际贸易学说的跨国经营理论，属于宏观分析理论，在市场完全竞争的假定条件下运用比较优势原则解释和分析对外直接投资行为，其发展相对成熟的有比较优势理论、产品生命周期理论和比较优势投资论三种学说；另一类为基于产业组织学说的跨国经营理论，属于微观分析理论，在市场不完全竞争的假定条件下从产业组织和市场结构角度探讨跨国公司对外直接投资的动因及其条件，主要有垄断优势论、市场内部化理论和国际生产折衷理论等学说。

　　此外，一些经济学家从资金和货币角度对跨国公司投资行为进行分析和研究，如阿利伯的通货区域理论。20 世纪 90 年代以后随着国际经营环境的变迁，跨国公司的战略和经营行为出现了新的特征和趋势，其海外子公司的运作在观念和战略上都做了大幅度的调整。与此同时，越来越多的发展中国家的企业进行对外直接投资，从事跨国经营活动，由此形成了系列跨国经营新理论。

# 一、基于国际贸易学说的跨国经营理论

以国际贸易学说为基础的跨国经营理论,主要研究一国如何优化贸易结构、如何按照产品的价值含量在国家之间转移生产活动、如何转移边际产业以及如何最大化增加一国的总体效用等问题。发展相对成熟且较有代表性的理论为比较优势理论、产品生命周期理论和比较优势投资论。

## (一)比较优势理论

比较优势理论分静态比较优势理论和动态比较优势理论:前者主要指古典的比较优势理论,包括亚当·斯密的绝对优势学说、大卫·李嘉图的比较优势理论、赫克歇尔和俄林的要素禀赋理论等;后者主要指筱原三代平的动态比较优势理论、赤松要的雁形理论等。

1. 静态比较优势理论

静态比较优势理论起源于亚当·斯密的以地域分工为基础的绝对优势学说,后经李嘉图、赫克歇尔和俄林等人的补充与完善,形成比较优势理论、要素禀赋理论,其所体现的比较优势思想成为国际贸易理论的核心思想,对后来的国际贸易理论的形成和发展影响极大。

(1)绝对优势理论。绝对优势理论的代表人物是古典经济学学派的主要奠基者之一、英国著名经济学家亚当·斯密(Adam Smith)。1776年,亚当·斯密发表《国民财富的性质和原因的研究》一书,创立了自由放任的自由主义经济理论,首次提出主张自由贸易的绝对优势理论。

绝对优势理论的基本思想是:各国因自然禀赋或后天的有利条件不同,引发劳动生产率的绝对差异,从而造成各国在产品生产成本上的绝对差异,即绝对优势或劣势,这是国际贸易发生的基础。在国际贸易活动中,各国应该生产和出口本国具有绝对优势的产品,进口外国具有绝对优势的产品(或本国具有绝对劣势的产品)。这样,各国可以通过国际贸易提高劳动生产率,增加物质财富,提高国民福利。

（2）比较优势理论。比较优势理论的代表人物是古典政治经济学的完成者、英国著名经济学家大卫·李嘉图（David Ricardo）。1817 年,大卫·李嘉图发表《政治经济学及赋税原理》一书,提出比较优势理论。

比较优势理论是对亚当·斯密绝对优势理论的进一步拓展,其主要思想是:各国因自然条件不同而存在着劳动生产率的相对差异,从而造成各国在生产成本上的相对差异,即比较优势或劣势。在国际贸易活动中,各国应按"两优取其重,两劣取其轻"的比较优势原则进行分工,生产和出口本国具有比较优势的产品,进口外国具有比较优势的产品。这样,各国都能取得比自己以等量劳动所能生产的更多的产品,从而实现社会劳动的节约,给贸易双方都带来利益。

（3）要素禀赋理论。要素禀赋理论又称要素比例学说或赫克歇尔－俄林理论,由瑞典著名经济学家赫克歇尔（Eli Heckscher）和俄林（Bertil Ohlin）提出。1919 年,赫克歇尔发表《对外贸易对收入分配的影响》一文,提出了要素禀赋论的基本观点。1933 年,俄林继承其导师赫克歇尔的观点,出版《域际贸易和国际贸易》一书,创立了要素禀赋理论。

20 世纪 40 年代萨缪尔森（P. A. Samuelson）发展了赫克歇尔－俄林理论,提出要素价格均等化学说,又称赫－俄－萨（H-O-S）理论。

要素禀赋理论的基本思想是:各国因要素禀赋状况差异而产生不同产品的比较优势,因此,在国际贸易活动中,应生产和出口密集使用本国充裕要素的产品,进口密集使用本国稀缺要素的产品,从而获取比较优势利益。同时,国际贸易在推动各国产品价格因自由竞争而趋向均等的基础上,会进一步推动各国生产要素的相对价格和绝对价格均等化。

要素禀赋理论继承了比较优势理论的比较优势原则,但又与比较优势理论不同:比较优势理论以劳动价值论为基础,而要素禀赋理论以多要素价值论为基础;比较优势理论认为国际贸易产生的原因在于各国由于劳动生产率的差异而导致生产成本存在差异,而要素禀赋理论则是在假定各国劳动生产率相同的条件下分析国际贸易发生的原因。

2. 动态比较优势理论

动态的比较优势理论从动态、长期的观点出发,把生产要素的供求关系、政府政策、各种可利用资源的引进、开放程度等综合到贸易理论之中,将古典的静态比较优势理论动态化。动态的比较优势理论主要包括筱原三代平的动态比较成本说、赤松要的雁形理论等。

(1)动态比较成本说。动态比较成本说由日本经济学家筱原三代平(Shinohara Miyohei)提出,是对李嘉图静态比较优势理论的突破性发展。1955年,筱原三代平针对古典比较优势学说的静态缺陷,结合第二次世界大战后日本经济发展的经验和现实,提出了动态比较成本说,认为一国可以通过政府政策干预,开发要素资源,形成比较优势。

其主要观点是:一国在经济发展过程中的比较优势是可以通过努力加以创造的;随着经济发展,一国的产业结构将发生相应变化,一国的国际贸易优势应与合理的产业结构保持一致;动态比较优势的形成要借助于国家的干预力量,政府可以通过扶植和促进国内重点产业,以增强其国际竞争力,从而不断开发新的比较优势。其核心思想在于强调后起国的幼稚产业经过扶持,其产品的比较成本可以转化,原来处于劣势的产品有可能转化为优势产品,即形成动态比较优势。

动态比较成本说突破了李嘉图关于技术不变、生产要素不能在国际间转移等与商品生产过程本质不相容的前提假定,对生产领域中产生的比较优势做动态解析,较好地补充和发展了静态比较优势理论。

(2)雁形理论。雁形理论由日本经济学家赤松要(Kaname Akamatsu)提出。1932年,赤松要发表《我国经济发展的综合原理》一文,以日本棉纺工业的发展史实为例,认为后进国主导产业的发展通常经历了"进口→国内工业形成→出口"三个阶段,即依次经历从发达国家进口新产品和新技术、建立和形成与先进国相同的本国产业、向国际市场出口三个阶段。这三个阶段的推移进程在图形上酷似三只大雁依次展飞,如图1-1。

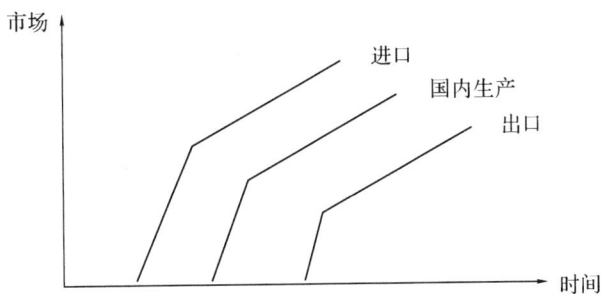

**图1-1　雁形图**

雁形理论阐释了国际贸易对后进国的影响,揭示了后进国参与国际贸易的模式以及实现产业结构升级的途径。第二次世界大战以后,日本的其他产业,如钢铁、石油化工、汽车、家电、电子工业的发展过程也呈现明显的雁形格局。

### (二)产品生命周期理论

产品生命周期理论由美国哈佛大学经济学教授雷蒙德·弗农(Raymond Vernon)最先提出,后经尼克博克(Knickerbocker)(1973)、威尔斯(Wells)(1977)、格雷汉姆(Graham)(1975、1978)等人的扩展和检验,使其成为贸易领域和投资领域具有深远影响的理论。

1966 年,弗农在《产品周期中的国际投资与国际贸易》一文中把国际投资同国际贸易和产品生命周期结合起来,利用产品生命周期的变化,解释美国第二次世界大战后对外直接投资的动机和区位选择,认为美国企业对外直接投资与产品生命周期密切相关。因此,该理论也被称为对外直接投资的产品生命周期理论。

所谓产品生命周期是指产品在市场上竞争地位的变化过程,即产品在市场上的营销生命。弗农将产品生命周期分为新产品、成熟产品和标准化产品三个阶段,分析新产品阶段什么因素决定最初的生产区位、成熟产品阶段厂商如何选择出口和直接投资以及标准化产品阶段外国企业与本国企业的国际竞争格局是怎样形成的。

产品生命周期理论的基本思想是:在产品的整个生命期间,生产和销售所需要的要素是会发生变化的。因此,在新产品的生产中会出现一个周期:当新产品被引入时,通常需要大量的研究与开发费用和人力资本含量高的劳动力;当这一产品的生产技术日臻成熟并走向大规模生产时,产品日益变得标准化,需要标准化的技术和大量的非熟练劳动力。这样,在这一产品上的比较优势就由最初开发时的技术和资本富余型的发达国家转移到劳动力相对富余、劳动力成本相对低廉的国家。这一比较优势的动态转移通常伴随着技术创新国与其他国家之间的国际贸易和对外直接投资活动。图 1-2 说明不同国家在产品生命周期的不同阶段的生产、消费、出口和进口变化情况。

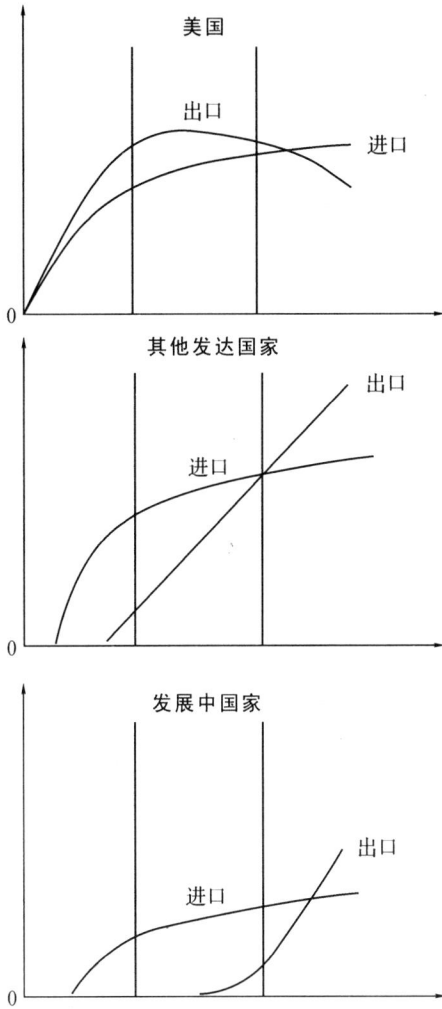

图 1-2 产品生命周期理论

    产品生命周期理论弥补了古典贸易理论比较优势静态分析的局限,首次从比较优势的动态转移角度将国际贸易和国际投资作为整体考察企业的跨国经营行为。该理论认为,随着产品生命周期的演进,比较优势呈一个动态转移的过程,贸易格局和投资格局随着比较优势的转移而发生变化。每个国家都可以根据自己的资源条件,生产其具有比较优势、在一定生命周期阶段上的产品,并通过交换获得利益,这较好地解释了 20 世纪 50—60 年代美国对西欧和发展中国家的直接投资。

作为一种直接投资理论,产品生命周期理论从企业垄断优势和特定区位优势相结合的角度深刻揭示了出口企业转向直接投资的动因、条件和转换过程,为制造业跨国公司的成长提供了一个有力的分析工具。

20 世纪 70 年代,随着跨国公司经营实践的不断发展,弗农多次撰文修正和发展自己的论点,如 1971 年所著的《国家主权面临困境:美国企业的跨国扩散》、1974 年所作的《经济活动的区位》以及 1977 年所作的《风暴笼罩多国企业》等。尝试运用国际垄断(或寡占)行为来解释跨国公司的国外投资行为,将产品生命周期重新划分为"创新期寡占"、"成熟期寡占"和"衰老期寡占"。

### (三)比较优势投资论

比较优势投资论,也称边际产业扩张论或"小岛清"模式,由日本一桥大学经济学教授小岛清(Kiyoshi Kojima)根据比较优势理论和日本的对外直接投资现实提出,从企业比较优势的动态变迁角度解释日本企业的对外直接投资。

20 世纪 70 年代中期以前,跨国公司理论以海默和金德伯格的垄断优势论和弗农的产品生命周期论为主流。但 70 年代中期以后,小岛清在其著作《对外直接投资论》(1978)、《跨国公司的对外直接投资》和《对外贸易论》(1987)、《外国直接投资的宏观经济方法》(1990)中,根据日本对外投资的特点,创立了"小岛清"模式,用以解释和指导日本的对外直接投资活动。小岛清认为海默等的垄断优势论是从微观经济理论出发,强调企业内部垄断优势对海外投资行为的影响,偏重微观经济分析和公司管理的研究,忽略了宏观经济因素的分析,尤其是国际分工中比较优势原理的作用,只适用于解释美国跨国公司的对外直接投资,却无法解释日本企业的对外直接投资问题。

比较优势投资论的基本思想是:一国应该从已经或即将处于比较劣势的产业开始对外直接投资,并依次进行。小岛清称这种按边际性优势或劣势的顺序进行对外直接投资为"补充比较优势原则"或"外国直接投资的边际产业原则",认为这一原则将增进投资国和东道国的社会福利。从微观角度看,通过直接投资,投资者把生产场所从一个比较不利的地点转移到一个比较有利的地点,可以获得更为丰厚的利润。从宏观角度看,对投资国而言,将比较不利的产业和产品生产出口到别的国家,有利于本国产业结构的升级和优化;对东道国而言,这种类型的投资将为其提供所缺乏的资本、技术和管理知识,促进当地其他生产要素资源的合理利用,改善生产函数,推动技术进步和经济增长,并通过出口提高在国际市场的竞争力,发展具有潜在比较优势的产业。

比较优势投资论创造性地运用比较优势原则,将贸易和投资看成一个相互关联的整体活动来考察,较好地解释了20世纪70年代中期以后所出现的缺乏垄断优势和技术优势,又不具备较大经营规模的发展中国家跨国公司的对外直接投资现象。

## 二、基于产业组织学说的跨国经营理论

产业组织学说由美国哈佛大学经济学教授梅森(Edward S. Mason)于20世纪30年代末提出,是研究一个产业部门(行业)组织结构的特征及其影响资源使用效益的理论。基于该学说的跨国经营理论自1960年以来有了很大发展:60年代,以

"对外直接投资的古典产业组织学说"为主,这一阶段的理论源于国际贸易理论中的赫克歇尔—俄林理论与产业组织理论的融合,大部分对外直接投资古典理论均建立在要素配置比较或所有权配置比较的基础上,海默提出的"垄断优势论",论证了对外直接投资不同于一般意义上的外国金融资产投资,指出了对外直接投资理论与国际证券投资的资本移动理论存在本质区别;70年代,跨国经营理论视角转移到对外直接投资的微观经济领域,以科斯(Ronald H. Coase)产权理论为基础,形成"对外直接投资的内部化理论";70年代末,在融合前人理论的基础上,邓宁(John H. Dunning)首次提出了国际生产折衷理论,尝试将已有的各种对外直接投资理论互补纳入一个统一的分析框架之中,成为近20多年来最具影响力的跨国经营理论。

### (一)垄断优势论

垄断优势论,也称为特定优势论,由美国经济学家斯蒂芬·海默(S. H. Hymer)于20世纪60年代初在他的博士论文《一国企业的国际经营:对外直接投资研究》中首次提出,并由其导师查尔斯·金德伯格(Charles Kindleberger)推荐,于1976年发表了这篇论文,同时金德伯格在自己的论文和著作中也系统阐述了该理论。因此,学术界常常将金德伯格与海默并列为垄断优势理论的创建者,并将他们的理论分析称为"海默—金德伯格传统"(H-K Tradition)。垄断优势理论作为跨国公司凭借其特定的垄断优势从事国外直接投资的一种跨国公司理论,是产业组织理论在跨国公司和直接投资领域应用研究的结果。

传统的解释国际资本运动的理论是要素禀赋论。该理论认为,各国的产品和生产要素市场是完全竞争的,资本从"资本过剩"国流向资本短缺国。国际资本运动的根本原因是各国间利率的差异,对外投资的主要目标是追求高利率。海默认为对外直接投资与对外证券投资有着不同的行为表现,这种传统的理论无法解释第二次世界大战后迅速发展的国际直接投资。

　　海默在他的博士论文中，明确提出大企业到国外直接投资的主要原因在于其特定优势，这种"企业特定优势"即为企业国际化经营的垄断优势。在大量实证分析美国 1914—1956 年对外投资有关资料的基础上，指出现实市场属不完全竞争市场，面对同一市场的各国企业之间存在着竞争。若实行集中经营，则可使其他企业难以进入市场，从而形成一定的垄断，这样既可获得垄断利润又可减少由于竞争而造成的损失，跨国公司实际上就是垄断者或寡占者。因此，市场的不完全竞争是跨国公司进行国际直接投资的根本原因，而跨国公司持有的垄断或寡占优势是其实现对外直接投资利益的条件。美国企业拥有的技术与规模等垄断性优势是美国能够在国外进行直接投资的决定性因素。

　　金德伯格进一步研究了市场不完全性作为对外直接投资先决条件的重要性。认为对外直接投资的存在，是以存在着产品或要素（包括技术）市场的不完全性，以及政府或企业对竞争的干预所导致的市场不完全性为前提的。而企业的垄断优势，如来自产品市场不完全的优势（产品差异、特定的营销技巧等）、来自要素市场不完全的优势（专利技术、专有技术、管理经验等）、来自企业规模效益的优势等，都可以从不完全竞争的市场中产生。跨国公司通过水平的或垂直的一体化经营，可以取得当地企业所不能达到的生产规模，从而降低成本。当一体化经营达到一定程度之后，公司对产品价格或原料价格便有了一定的控制能力，公司可通过提高产品价格或压低原材料价格来获取利润。跨国公司还可实行国际专业化生产，利用各国生产要素价格的差异，合理布置生产区位以取得企业内部与外部规模经济，获得一定的竞争性优势。

　　海默、金德伯格的垄断优势论为跨国公司对外直接投资理论的研究奠定了基础。20 世纪 60—70 年代,很多西方学者沿着海默等人的研究,进一步补充发展了垄断优势理论,较有影响的有核心资产论、风险分散论、寡占反应论等。

核心资产论强调跨国公司的垄断优势中最核心的部分是技术和知识即信息,企业通过对这些核心资产的排他性占有,才形成垄断优势。若携此优势到海外投资设厂,东道国企业无力竞争,跨国公司才能得以在国外环境中生产发展并攫取高额利润。其代表人物主要是美国经济学教授凯夫斯(《国际公司:对外投资的产业经济学》,1971)、约翰逊(《国际公司的效率和福利意义》,1970)和梅吉(《信息与多国公司:对外直接投资的占有能力论》,1977)等。

风险分散论认为企业通过对外直接投资,可以分散市场和生产基地,使自己的投资布局多样化,有效减少风险,对自身提供了一定程度的保险。其代表人物为加拿大经济学家拉格曼(《国际多样化与多国企业》,1980)等。

寡占反应论将对外直接投资划分为两大类:一类是进攻性投资,即在国外建立第一家子公司的寡头公司所进行的投资,风险较大;另一类是防御性投资,即同行业的寡头公司追随进攻性投资,在同一地点进行的投资,风险相对较小。认为进攻性投资动机一般是由产品生命周期引起,而防御性投资动机则是由寡占反应行为引起。寡占是指由少数几家大公司组成或由几家大公司占统治地位的行业或市场结构,寡占反应行为则为每一家大公司对其他大公司的行动都十分敏感,紧紧盯着竞争对手的行动,一旦竞争对手采取对外直接投资,就紧随其后实行跟进战略,以维护自己的相对市场份额。寡占反应行为的主要目标在于抵消竞争对手率先行动所带来的好处,避免给自己带来风险,由此,必然导致对外直接投资的成批性,美国 1948—1967 年对外直接投资的状况基本符合这种情况。其代表人物为美国经济学家尼克博克(《寡占反应与跨国公司》,1973)等。

综上,垄断优势理论首次提出了不完全竞争市场是导致国际直接投资的根本原因,认为跨国公司拥有的垄断优势是其实现对外直接投资获得高额利润的条件,而技术和知识等核心资产的转移是跨国公司直接投资过程的关键,寡占反应行为导致对外直接投资呈成批性发展。这些理论对于国际直接投资的理论和实践发展具有十分重要意义,但由于其研究对象主要是发达国家技术经济实力雄厚、独具对外扩张能力的大型跨国公司,因而缺乏对发展中国家以及中小企业对外直接投资情况的分析。

### (二)内部化理论

内部化理论,也称市场内部化理论,最早由英国两位经济学家巴克莱(P. J. Buckley)和卡森(M. C. Casson)在 1976 年合撰的《多国企业的未来》中提出,后由加拿大经济学家拉格曼(A. M. Rugman)做了进一步的补充和发展。

内部化思想起源于 20 世纪 30 年代科斯(《厂商的性质》,1937)、威廉姆森和阿罗等人,认为企业除生产外,还须从事营销、采购、研究开发、招聘雇佣、人员培训等一系列与市场发生关系的活动,并需为此支付各种交易成本。由于市场不完善、缺乏效率,企业付出的代价可能更高,因此,不如将各项交易纳入企业内部进行,即以统一的行政管辖取代市场机制,以节省交易成本。对外直接投资的内部化理论则是内部化思想在国际范围内的应用。

内部化理论在对跨国公司内部贸易增长的现象进行深入细致研究的基础上,提出了一种解释国际直接投资动机决定因素的理论。认为世界市场是不完全竞争市场,其不完全竞争并非由规模经济、寡头行为、贸易保护主义和政府干预所致,而是由于某些市场失效,导致企业市场交易成本增加,使企业在让渡自己的中间产品时无法保障自身的权益。跨国公司为了谋求企业整体利润的最大化,往往倾向于将中间产品特别是知识产品在企业内部转让,以内部市场来代替外部市场,以避免外部市场不完全造成的损失,即通过国际直接投资,在国外建立自己能够控制的子公司,以较低的成本将知识产品等技术优势转移国外,将本来应在外部市场交易的业务转变为在公司所属企业之间进行并形成一个内部市场,以降低交易成本和交易风险,并保证这些知识产权优势不被外人染指,使得企业在技术创新阶段所投下的研究与开发费用得到最大程度的回报。当然,内部化实现的条件是内部交易成本低于外部交易成本,内部转移价格低于外部市场价格。

与垄断优势理论不同,内部化理论不是强调跨国公司所特有的知识产权优势本身,而是强调企业通过内部组织体系以较低成本在内部转移该优势的能力,并把这种能力当作企业发生对外直接投资的真正动因。这能较好地解释发达国家的对外投资行为,也能解释发展中国家的对外直接投资行为,但却不能较好地解释跨国公司对外直接投资的区域分布。

### (三)国际生产折衷理论

国际生产折衷理论,又称国际生产综合理论,由英国经济学家邓宁(John H. Dunning)于1976年在其发表的代表作《贸易、经济活动的区位与多国企业:折衷理论探索》中提出。建议在研究跨国公司国际生产活动中,应运用综合方法对之前的各种主要跨国经营理论进行比较和概括,吸收区位理论并融入赫克歇尔—俄林的要素禀赋论和巴克莱、卡森的内部化理论,形成国际生产折衷理论。1981年,邓宁出版《国际生产与跨国企业》一书,进一步系统地、动态地修正了其理论。

国际生产折衷理论的主要内容由三个核心优势理论组成:源自各种特有优势理论、海默垄断优势论的所有权优势;源自巴克莱、卡森等内部化理论的内部化优势;源自较系统的区位经济学理论、戈登直接投资区位选择理论及邓宁自己提出的区位优势。

其中,所有权优势又称厂商优势、竞争优势、垄断优势,是指一国企业拥有或者能够获得其他企业所没有或无法获得的资产及其所有权。邓宁认为跨国公司所拥有所有权优势主要包括两类:第一类是通过出口贸易、技术转让和对外直接投资等方式均能给企业带来收益的所有权优势,这类优势几乎包括企业拥有的各种优势,如产品、技术、商标、组织管理技能等;第二类是只有通过对外直接投资才能获得的所有权优势,这种所有权优势无法通过出口贸易、技术转让的方式给企业带来收益,只有将其在企业内部使用,才能给企业带来收益,如交易和运输成本的降低、产品和市场的多样化、产品生产加工的统一调配、对销售市场和原料来源的垄断等。企业拥有上述两类所有权优势只是其能够对外直接投资的必要条件,而非充分条件,因为它们只能够解释为何跨国公司能够积极地进行国际直接投资。

内部化优势是指跨国公司强大的国际竞争能力不是来自传统的特有垄断优势,也不是来自单纯的技术占有,而是来自技术优势的内部化。技术在同一个所有权的企业内部进行交换,按企业的共同战略目标配置技术资源,避免外部市场的不完全对企业产生不利影响,这样,企业所拥有的垄断优势才能得到充分的发挥。但是,一个企业具备了所有权优势且将其内部化使用,还不足以完全解释跨国公司的直接投资,因为区位优势才是跨国公司外直接投资的充分条件。

区位优势是指东道国固有的、不可移动的要素禀赋优势,如优良的地理位置、丰富的自然资源、潜在的市场容量等。区位优势由投资国和东道国的多种因素决定,具体包括生产投入和市场的地理分布状况、生产要素成本、运输成本和通讯成本、基础设施状况、政府干预经济的程度和范围、金融市场的发展和金融制度的完善、国内市场和国际市场的差异程度、文化环境的差异程度以及贸易壁垒等。区位优势不仅决定了一国企业是否进行对外直接投资,还决定了其对外直接投资的类型和部门结构。

上述三个核心优势在跨国公司决定对外直接投资时是相互关联、紧密联系的:一个企业所拥有的所有权优势越大,将其资产进行内部化使用的可能性也越大,从而在国外利用其资产比在国内可能更为有利,就越有可能发展对外直接投资;如果企业在三方面都处于劣势,则最好吸引国外直接投资;如果企业面临出口、直接投资和许可转让三种国际经营扩展方式的选择,那么当企业试图要对外直接投资时,必须具备三项优势,当企业试图选择出口时,企业只需要具备所有权优势和内部化优势而不必同时具有区位优势,当企业只拥有所有权优势的情况下,则最好选择许可贸易方式,具体如表 1-1 所示。

表 1-1  国际生产折衷理论的三优势模式

|  | 所有权优势(O) | 内部化优势(I) | 区位优势(L) |
|---|---|---|---|
| 对外直接投资 | √ | √ | √ |
| 出口 | √ | √ | × |
| 无形资产转让 | √ | × | × |

* "√"表示具备该项优势,"×"表示不具备该项优势。资料来源:毕红毅:《跨国公司经营理论与实务》,经济科学出版社,2006,第 169 页。

当 OIL 三项同时齐备,缺一不可时,才可以从事对外直接投资,形成跨国企业;如果仅有 OI 两项,而没有 L,意味着缺乏有利的国外投资场所,企业只能在国内实行内部化,即在国内设厂生产,再行出口;如果没有 IL,而仅存 O,则企业难以在内部利用,又不能对外直接投资,只得将无形资产转让给他人。

综上所述,在国际生产折衷理论产生之前,虽然海默、巴克莱和卡森、弗农、小岛清的国际直接投资理论都能对现实做出一些解释,但却缺乏普遍意义。海默的垄断优势论只能解释二次世界大战结束后至 20 世纪 60 年代美国的对外直接投资,小岛清模式只适用于分析 70 年代日本式的对外直接投资,巴克莱和卡森的内部化理论则解释了当时"美一日一欧"三极之间相互进行的对外直接投资。邓宁的国际生产折衷理论既包容了海默以后直到 20 世纪 80 年代跨国公司理论各种学派的思想,又吸收了当时新兴的产业组织理论、新厂商理论、区位理论等一些经济学理论、方法和思想,将区位论与跨国公司理论结合起来,并将一国对外直接投资与其经济发展的阶段联系起来考察,分析了各国国际生产或对外直接投资的动态性质,认为第三世界跨国公司的崛起由其经济发展阶段所决定,是其经济实力增长的必然结果,较好地解释了 20 世纪 80 年代亚洲"四小龙"和少数拉美国家的对外直接投资。

## 三、通货区域理论

通货区域理论由美国芝加哥大学经济学教授罗伯特·Z. 阿利伯(Robert Z. Aliber)于 1970 年提出,从通货溢价、融资优势和分散风险等角度解释跨国公司的对外直接投资。

通货区域论把对外直接投资看作是一种货币现象来研究,认为在考察跨国公司拥有的优势时,需考虑以下三方面的影响因素。

(1)通货变动的影响。任何一种金融资产如债券,无论以什么货币定值,都会有货币贬值的风险,为了抵消预期贬值所造成的损失,债券中应有一笔升水或通货溢价(债券的利息中应包含通货溢价)。由于各国和各地区货币强弱不同,强币预期贬值的风险和贬值率必小于弱币,故强币的通货溢价低于弱币。当强币所在国的企业在国际市场融资时,由于利率中包含了较低的溢价,所以利率较低,融资成本自然也较低。对外直接投资中,投资的货币不同,使投资者拥有了当地竞争对手通常无法具备的特殊优势,即通货溢价。具体可用图1-3解释。

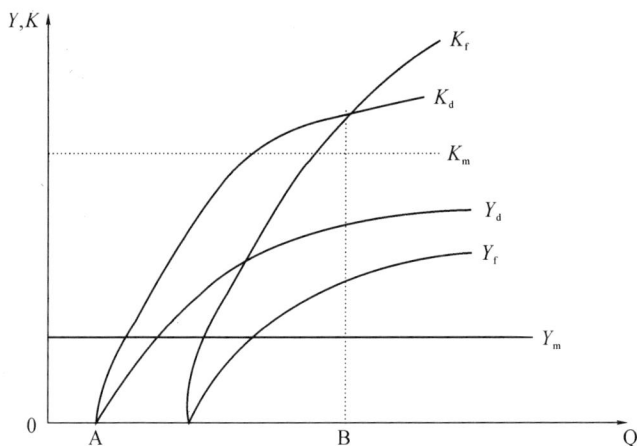

图1-3　阿利伯模型:利用外国市场可供选择的方法

图1-3中,$Y$表示利润收入,$K$表示收入的资本化价值,$Q$表示数量,$Y_m$表示母国企业出口销售所得利润,$K_m$表示该项收入按母国通货资本化后的价值,$Y_f$表示母国企业在东道国直接投资生产将获得的收入,$K_f$表示跨国生产收入的资本化价值,$Y_d$表示东道国企业自行生产供应国内市场所获得的收入,$K_d$表示按东道国通货资本化后的价值。

根据图示,$Y_f$比$Y_d$小,是因为跨国企业离开本国到国外生产,需承担附加的控制和管理成本,但由于通货溢价的影响,跨国企业子公司收益的资本化价值$K_f$在一定时点(如图中B点)后会上升到高于东道国企业的水平$K_d$。图中,如果市场小于OA,母国选择出口;如果市场大于OB,国外子公司可得的资本化收益将高于当地企业水平,在外国生产的直接投资将发生;如果市场规模在OA与OB之间,选择发放许可证可能是最佳的投资方式。

（2）低廉的融资成本影响。跨国公司通常都具备良好的信用等级，比较容易进入具有更高流动性的国际资本市场，拥有良好的资本供给环境。这使得跨国公司在东道国的子公司因其母公司的国际背景和实力背景，加上可能的跨境担保，相比当地经营企业更具国际融资的优势。因此，直接投资项目企业即使要在东道国当地金融市场融资，其成本也可能比东道国当地企业要低。

（3）跨国投资分散风险的影响。跨国公司在不同国家进行直接投资，某种程度上体现了通过组合投资实现风险分散的理念，尤其是当不同投资地的差异化程度越大，或者是不同投资地的经济波动性相关程度越小时，这种跨国投资就越有可能分散实业投资风险。

阿利伯通货区域理论的主要贡献在于，将通货溢价、融资优势、分散风险和汇率变动等作为分析跨国公司海外经营活动动机及其方向变化的重要影响因素。

## 四、跨国经营新理论

20世纪90年代以来，跨国经营新理论，主要有跨国公司子公司特定优势理论和发展中国家和地区的投资理论两类。

### （一）子公司特定优势理论

近年来，以海外子公司为研究对象，探讨子公司角色和子公司发展等相关问题的研究逐渐成为学术界的一项热门课题，并取得了一定的研究成果，如缪尔和希勒的子公司特定优势说、巴特利特和戈夏尔的子公司战略模型和邓宁的海外子公司理论等。

1.缪尔和希勒的子公司特定优势说

子公司特定优势说由缪尔（Moore）和希勒（Heeler）于1998

年在对加拿大拥有治理权和不拥有治理权的跨国公司子公司的比较研究中发现。2001 年,缪尔发表《通过子公司卓越中心建立子公司特定优势的战略》一文,正式提出建立子公司特定优势的理论设想和行动策略。

该文认为同一国家、同一产业中不同的海外子公司所承担的职能存在很大差别,可以从不承担职能到承担重大的职能,而属于同一跨国公司,但在不同国别市场中经营的子公司所承担职能也不尽相同。由此可见,传统的国际生产折衷理论中的所有权优势和区位特定优势都无法充分解释子公司之间的这种差别,尽管它们同属于一家跨国公司,或它们在相同国家、相同产业开展业务。对此,子公司特定优势说指出除了传统的"OIL"三优势以外,跨国公司还存在第四种优势,即基于子公司层面的子公司特定优势。这种优势,既不像所有权优势那样能为整个跨国公司所共享,也不能像区位特定优势那样能为处于相同国家的其他企业所共享,而是结合所有权优势和区位特定优势于一体的新优势,是只属于某一个跨国公司的子公司,且不存在于同一个跨国公司范围内的其他姊妹企业的独特优势。

子公司特定优势是子公司在跨国公司内部的竞争优势,主要来源于子公司的专有知识和子公司的区域位置,具体包括产品差异化、管理能力、产品管理与流程管理能力、全球营销的规模经济性、东道国市场的持续需求增加、充分利用东道国的资本市场和金融专门知识以及适合于跨国公司的结构性变革能力等。子公司的这种特定优势并不是在任何一个职能领域都能建立起来的,因此,我们建议建立"卓越中心",集中配置和协调跨国公司内部的优势资源,并通过中心有效整合外部资源,以使子公司特定优势充分展现出来。

2.巴特利特和戈夏尔的子公司战略模型

子公司战略模型从子公司对母公司战略贡献的角度对海外

子公司进行分类,使母公司更加清楚应给予不同市场上的海外子公司不同的战略任务,同时使海外子公司根据自己所处的市场规模及战略重要性对自己的战略任务做出正确的估计与评价。该模型由巴特利特(Bartlett)和戈夏尔(Ghoshal)于1986—1989年期间提出。

1986年,巴特利特根据一体化与当地反应程度提出了跨国公司三种类型的组织,即全球组织、多国组织以及介于两者之间的跨国组织。1989年,巴特利特和戈夏尔又提出了国际组织的概念,从而把跨国公司的组织形式划分为全球、跨国、多国、国际四种类型,认为不同组织形式下的海外子公司所承担的海外业务有着明显的差别。其中,全球组织侧重于执行母公司战略,跨国组织努力使国内单位对全球一体化业务的贡献各不相同,多国组织重在寻求和挖掘当地机会,国际组织主要修改和影响母公司权限。

巴特利特和戈夏尔认为海外子公司的战略地位不仅取决于母公司的跨国组织形式,而且取决于海外子公司本身所服务市场的规模、所服务市场的战略重要性以及在该市场的资源与能力水平。据此,该模型从海外子公司所服务市场的战略重要性及其自身的资源与能力水平出发,对子公司的海外任务归纳总结为四种任务类型,如表1-2。

**表1-2　子公司战略任务类型**

| 影响因素及其影响程度 | | 当地子公司的资源和能力 | |
| --- | --- | --- | --- |
| | | 低 | 高 |
| 当地市场的战略重要性 | 高 | 黑洞 | 战略领导者 |
| | 低 | 执行者 | 贡献者 |

(1)黑洞(Black Hole)。在市场规模较大或具有重要战略

地位的市场中,跨国公司海外子公司的市场占有率或自身竞争力却微不足道,这部分市场即被称为黑洞。这些子公司往往严重依赖于母公司的帮助和支持,跨国公司总部的任务是开发它们的资源和能力,使之能够更好地适应当地市场,对当地市场的变化能够更加敏感。然而,处于"黑洞"环境中的子公司有时能起到母公司海外"技术观察窗口"的作用,为总部收集情报、监视东道国的技术发展。此外,黑洞有时候还能成为母公司的逃避税收、外汇管制、价格管制或者减少政治风险的基地,使其他子公司或总部的特定优势能够得到更好的发挥。

(2)执行者。承担执行者任务的子公司多在一个不太重要的市场中运作,得不到重要的信息,资源也有限,但有一定能力维持当地的业务,为母公司正常运转和发展提供资金。对该类子公司,母公司需要对其保持严格的控制,因为它们是跨国公司取得规模经济优势的坚实基础。

(3)战略领导者。通常只有在战略地位比较重要或规模较大的市场中具备"很强竞争力"的海外子公司才能承担战略领导者任务。承担该类任务的子公司一般具有很强的应变能力,不仅能敏锐觉察市场变化,而且能帮助跨国公司分析所面临的威胁与机会并做出适当反应,是母公司发展和执行战略的伙伴,可以与母公司合作制定和实施公司战略。对该类子公司,母公司应确保其业务战略与公司总目标和优先顺序一致,并支持这些负有战略责任的子公司,为它们的创新提供一定的资源与自由。

(4)贡献者。承担贡献者任务的海外子公司多处于规模较小或战略地位不甚重要的市场中,但拥有自己独特的能力和优势,较其他子公司具备更广泛的技术能力和研发资源,并为母公司发挥着较强的作用。对该类子公司,母公司应改变对它们的资源规划,不能过分影响当地经理和技术人员的自主性,使其保持一定程度的创新自由。

3.邓宁的子公司理论

1988年,邓宁教授从产权动机角度将跨国公司的海外子公司分为市场开拓型、资源开拓型、效率开拓型三类。近年来,考虑到企业兼并浪潮因素,邓宁又在这三种类型划分的基础上加入了战略资产开拓型子公司。

(1)市场开拓型子公司。建立此类海外子公司的主要目的是为了克服各种销售障碍,尽最大可能保护跨国公司的外销市场。

(2)资源开拓型子公司。建立此类海外子公司的主要目的是为了获取自然资源、廉价劳动力等低成本的生产要素。

(3)效率开拓型子公司。建立此类海外子公司的主要目的是为了提高生产效率以获得尽可能大的销售量或市场占有率。

(4)战略资产开拓型子公司。出现此类海外子公司的主要目的是为了通过兼并,保护和利用被兼并子公司的能力,以增强跨国公司的整体竞争实力。

邓宁认为,上述四种不同类型海外子公司的产生与出现,基于跨国公司对产权优势、区位优势和国际化专业分工优势的追寻。

**(二)发展中国家和地区的投资理论**

20世纪60年代末70年代初,发展中国家在吸引国际直接投资的同时,也开始对外直接投资并得到快速发展,打破了发达国家在国际投资领域一统天下的局面,并对传统的国际直接投资理论提出了新的挑战。在此情况下,20世纪80年代以来,针对发展中国家企业对外直接投资的理论纷纷出炉。其中颇具代表性的有邓宁的投资发展阶段论、威尔斯的小规模技术理论、拉奥的技术地方化理论、坎特威尔和托兰惕诺的技术创新和产业升级理论等。

### 1. 邓宁的投资发展阶段论

20 世纪 80 年代初,邓宁在其发表的《投资发展阶段论》一文中提出了投资发展阶段理论,通过对 67 个国家 1967—1975 年间对外直接投资与人均国民生产总值联系的研究,旨在从动态角度解释一国的经济发展水平与国际直接投资之间的关系。

投资发展阶段理论是邓宁的国际生产折衷理论在发展中国家的运用和延伸。该理论认为一国的对外直接投资规模与其经济发展水平密切相关。处于不同发展阶段的国家,其经济发展状况和水平对本国企业所有权优势和内部化优势的形成、外国企业所有权优势和内部化优势的实现,以及本国区位优势的状况都将产生重大影响,如表 1-3。

表 1-3 中,邓宁根据人均国民生产总值指标把对外直接投资发展过程划分为四个阶段:

**表 1-3　对外直接投资与经济发展阶段**

| 经济发展阶段 | 外国直接投资 | | 对外直接投资 | |
| --- | --- | --- | --- | --- |
| 第一阶段 | 外国企业所有权优势<br>外国企业内部化优势<br>国内区位优势 | 充足<br>充足<br>少量 | 本国企业所有权优势<br>本国企业内部化优势<br>外国区位优势 | 无<br>不适宜<br>不适宜 |
| 第二阶段 | 外国企业所有权优势<br>外国企业内部化优势<br>国内区位优势 | 充足<br>充足<br>增加 | 本国企业所有权优势<br>本国企业内部化优势<br>外国区位优势 | 少量<br>少量<br>少量 |
| 第三阶段 | 外国企业所有权优势<br>外国企业内部化优势<br>国内区位优势 | 下降<br>下降<br>下降 | 本国企业所有权优势<br>本国企业内部化优势<br>外国区位优势 | 增加<br>增加<br>增加 |
| 第四阶段 | 外国企业所有权优势<br>外国企业内部化优势<br>国内区位优势 | 下降<br>下降<br>下降 | 本国企业所有权优势<br>本国企业内部化优势<br>外国区位优势 | 增加<br>充足<br>增加 |

资料来源:毕红毅,《跨国公司经营理论与实务》,经济科学出版社,2006,第 180 页。

第一阶段,人均国民生产总值在 400 美元以下。处于这一阶段的国家由于经济发展落后,本国企业缺乏所有权优势,且内部化能力较差,完全没有对外直接投资;同时由于这些国家的区位优势较少,只有少量的外来直接投资,导致其净对外直接投资额等于零或是接近于零的负数。

第二阶段,人均国民生产总值在 400~2000 美元之间。由于经济发展水平提高,国内基础设施有了较大改进,投资环境得到改善,区位优势明显提高,吸引外国直接投资的引力加大,外国对本国的投资量开始增加。但该国企业所有权优势的形成还需要时间,不足以克服在国外生产的障碍,直接投资流出依然很少,投资水平仍然很低,从而净对外直接投资仍呈负数增长。

第三阶段,人均国民生产总值在 2000~4750 美元之间。处于这一阶段的国家,由于经济实力有了很大提高,本国企业所有权优势和内部化能力大大增强,对外直接投资流出明显提高,开始成为对外投资国。但另一方面,由于国内技术力量的增强以及劳动力工资水平的提高,使该国作为东道国的区位优势逐渐丧失,外国企业必须更多地利用和增强自身的内部化优势。总体而言,在这一阶段,外国对本国的直接投资量虽然仍然大于本国的对外直接投资,但本国对外投资的速度明显快于吸收外资的速度,净对外直接投资额在不断增加。

第四阶段,人均国民生产总值大于 5000 美元。处于这一阶段的国家,其企业具有很强的所有权优势和内部化优势,也善于利用国外的区位优势,而与此同时,外国投资者往往遇到东道国企业的激烈竞争,在获得该国区位优势和发挥自身所有权优势方面受到较大挑战。因此,此阶段国家的企业投资流出量开始超过外资流入量,成为国际投资主力军。

投资发展阶段理论动态地描述了对外投资与经济发展的辩证关系,将一国的吸引外资和对外投资能力与其经济发展水平结合起来,认为一国的国际投资地位与其人均国民生产总值成正比关系,具有一定的启示性。

2.威尔斯的小规模技术理论

1983年,美国哈佛大学经济学教授刘易斯·威尔斯(Louis T. Wells)在其出版的《第三世界跨国企业》一书中提出了小规模技术理论。

威尔斯认为,传统的对外直接投资理论的最大缺陷是把竞争优势绝对化了,其实,发展中国家跨国企业的竞争优势是相对的:

(1)小规模生产技术。发展中国家市场与发达国家的市场不同,其大多数制成品市场需求有限,规模很小,大规模生产技术无法从这种小市场需求中获得规模效益,而发展中国家的跨国企业以此开发适合于小规模制造、满足小市场需求的生产技术而获得比较优势。

(2)当地采购和特殊产品。为减少因进口技术而造成特殊投入的需要,发展中国家的企业寻求用本地投入来替代。一旦这些企业学会用本地提供的原料和零部件替代特殊投入,就可以把这些专门知识推广到面临同样问题的其他发展中国家,从而获得竞争优势。

(3)低价营销战略。发达国家跨国公司的营销策略往往是投入大量的广告费用,树立产品形象,创造品牌效应,而发展中国家产品最大的特点是物美价廉,并以此成为发展中国家跨国企业提高市场占有率的有利武器和相对优势。

威尔斯的小规模技术理论把发展中国家跨国企业竞争优势与这些国家自身的市场特征结合起来,在理论上给后人提供了一个充分的分析空间,不仅可用来解释发展中国家对发展中国家的直接投资行为,而且也可用来解释发展中国家对发达国家直接投资的动因。

### 3.拉奥的技术地方化理论

1983 年,英国经济学家拉奥(Sanjaya Lall)在其出版的《新跨国公司:第三世界企业的发展》一书中提出了技术地方化理论。该理论强调企业技术的引进和吸收过程实际上是一种不可逆的创新活动,这种创新活动给企业带来新的竞争优势。

拉奥认为,发展中国家向东道国提供的技术不一定是新技术,但通过母国企业的改进,更能适应其他发展中国家的需要,能更好地顺应东道国的要素价格条件和东道国对产品质量的要求,即把这种技术知识当地化。这种当地化的技术创新往往还具有小规模倾向,更能适应一些发展中国家东道国市场较小的特点。由此,这种积极主动的改进、消化和吸收给发展中国家的企业带来了独特的竞争优势。

发展中国家能够根据自身独特的情况发展并拥有这种独具特色的垄断优势。这些优势是建立在使用成熟技术和对非差异化产品的特殊营销技能基础之上,它可能源于发展中国家企业自身的技术创新或是对国外引进的成熟技术、生产工艺的改进,也可能源于在提供该类成熟技术方面所具有的成本优势。

拉奥的技术地方化理论不仅分析了发展中国家企业的国际竞争优势,而且强调形成竞争优势所需要的企业创新活动,把发展中国家跨国公司研究的注意力引向微观层次,有一定的积极意义。

### 4.坎特威尔和托兰惕诺的技术创新和产业升级理论

英国经济学教授坎特威尔(Cantwell)和他的学生托兰惕诺(Tolentino)共同提出了发展中国家技术创新和产业升级理论,试图从动态化与阶段化的角度分析发展中国家的对外直接投资。

坎特威尔和托兰惕诺认为,受国内产业结构和国内生产技术创新能力的影响,发展中国家跨国公司对外直接投资的发展是有规律可循的,首先是以自然资源开发为主的纵向一体化生产活动,然后是以进口替代和出口导向为主的一体化生产活动。而从海外经营的地理扩张看,发展中国家企业在很大程度上受"心理距离"的影响,其投资方向遵循周边国家——发展中国家——发达国家的渐进轨道发展:首先,充分利用种族联系,在周边国家进行直接投资;其次,随着海外投资经验的累积,种族因素的重要性下降,逐步从周边国家向其他发展中国家扩展;再次,在经验积累的基础上,为获取更先进的复杂制造业技术开始向发达国家投资。

由此可见,技术创新和产业升级理论是以地域扩展为基础、以技术累积为内在动力而对发展中国家的对外直接投资进行分析和研究,认为随着技术累积固有的能量的扩展,直接投资逐步从低级阶段向高级阶段发展,即从资源依赖型投资逐步发展到技术依赖型投资。

上述几种发展中国家跨国公司理论把发展中国家跨国公司作为一个特定对象进行研究和分析,对现有的跨国公司经营理论作了较好的补充与完善。

# 第二章　中国企业跨国经营基本状况

随着对外开放的不断深入,中国企业的跨国经营经过了从无到有、从小到大、从弱到强的发展历程,日益彰显出中国企业参与国际分工和竞争的能力。

## 第一节　中国企业跨国经营发展历程

20世纪初期,中国企业就开始了跨国经营的历史。当时以华昌公司为代表的一批中国企业在美洲及东南亚等地从事钨矿开采、稀有金属加工、冶炼及贸易和工程服务等业务。

20世纪30—40年代,以上海纺织业为代表的中国民族工业得到一定发展。40年代末期,大批民族工业迁移至香港或台湾地区继续谋求发展。其中部分企业在50—60年代开始向海外扩张,如南洋纺织、永泰集团、远东集团、永新集团等。

20世纪50—70年代,由于种种原因,大陆企业的跨国经营基本处于停滞状态,中国的涉外跨国性经济活动主要围绕着对外经济援助展开。在这一时期,我国政府先后向朝鲜、越南、阿尔巴尼亚、柬埔寨、也门、坦桑尼亚等近70个国家提供了1307个经济与技术援助项目,累计完成844个大、中、小型项目,其中中方投资额1亿元人民币以上的项目10个、1000万元人民币以上的项目96个。这些项目大部分集中在交通运输、工业、农业等基础设施的相关领域①。在这些项目的建设过程中，中国政府除了提供必要的资金外，还提供相关的成套技术、工艺和设备，并组织国内专家、工程技术人员和工人进行实地勘查设计，组织施工安装，并为该国培训相关的工程技术人员及管理人员。这些援建活动从严格意义上分析，与企业的跨国经营有着本质区别。但由于其涉及国内十几个行业、上千家企业和几十万工程技术人员和管理人员，使相关部门、企业及工作人员积累了丰富而宝贵的涉外经验，从而为改革开放以后中国企业的跨国经营奠定了重要基础。

改革开放以来，中国企业的跨国经营经历了从无到有、从小到大、从弱到强的发展过程，日益彰显出中国企业参与国际分工和国际竞争的能力。其发展大致经历了以下三个阶段。

## 一、起步阶段(1979—1983 年)

这一期间，我国只有中央部委级的大公司及个别省、直辖市所属企业在海外投资，经正式批准的境外投资企业共 61 家，中方总投资额 4573 万美元，分布在 23 个国家和地区②。投资领域主要集中在航运服务、金融保险、承包工程和餐饮业，如北京市友谊服务总公司于 1979 年 11 月与日本东京丸一商事株式会社合资在东京开办了"京和股份公司"，成为中国对外投资创立的第一家合资企业。中国租船公司于 1980 年 3 月同中国香港环球航运集团等合资建立了"国际联合船舶投资有限公司"，总部设在百慕大，并在中国香港建立了"国际船舶代理公司"。中

① 邵祥林：《"走出去"跨国经营——中国经贸强国之路》，中国经济出版社，2005，第 33 页。
② 卢馨：《构建竞争优势——中国企业跨国经营方略》，经济管理出版社，2003，第 6 页。

国银行与美国芝加哥第一国民银行、日本兴业银行和中国香港华润集团有限公司合资,于 1980 年 7 月在中国香港创建了"中芝兴业财务有限公司"。

## 二、缓慢发展阶段(1984—1998 年)

这一时期的对外投资企业数和对外投资总额缓慢增加(如表 2-1),除 1992 年和 1993 年外,1990—1998 年的其余年份年度非金融类对外投资额大多仅在 10 亿~20 亿美元之间徘徊。许多有一定国际经验、技术基础和管理水平的大企业纷纷走出去,投资领域扩大到资源开发(铁矿开采、林业开发、远洋渔业)、加工生产装配等。对外投资由一般贸易型企业投资为主转向以境外加工贸易企业投资和资源开发企业投资为主。

表 2-1　1990—2007 年中国非金融类对外直接投资流量情况
(单位:亿美元)

| 年　份 | 投资额 | 年　份 | 投资额 | 年　份 | 投资额 |
|---|---|---|---|---|---|
| 1990 | 9.1 | 1996 | 20.8 | 2002 | 27.0 |
| 1991 | 10.0 | 1997 | 26.0 | 2003 | 28.5 |
| 1992 | 40.0 | 1998 | 27.0 | 2004 | 55.0 |
| 1993 | 43.0 | 1999 | 19.0 | 2005 | 122.6 |
| 1994 | 20.0 | 2000 | 10.0 | 2006 | 176.3 |
| 1995 | 20.0 | 2001 | 69.0 | 2007 | 187.2 |

数据来源:http://hzs.mofcom.gov.cn(中华人民共和国商务部对外经济合作司)

## 三、快速发展阶段(1999 年至今)

1999 年 2 月,国务院转发外经贸部、国家经贸委、财政部《关于鼓励企业开展境外带料加工装配业务的意见》之后,加快了以境外加工贸易为主的对外投资步伐。轻工、纺织、家用电器等机械电子类加工和服装加工等行业的企业积极探索以设备、技术等实物资本为主到境外投资办厂、开展境外加工贸易。截至 1999 年底,我国共有境外加工贸易项目 151 个,中方总投资额为 3.3 亿美元左右。其中,机电类项目 64 个、轻工类项目 35 个、服装加工类项目 31 个。

与此同时,对外投资的区域逐渐由发展中国家向发达国家延伸。在中国跨国直接投资的起步阶段,由于投资主体的限制,投资区域多选择在原进出口市场集中的地区,以亚洲尤其是东南亚为主,而承包工程多集中在中东和非洲。但从 20 世纪 90 年代中后期起,我国海外投资从以港澳、东南亚地区为主逐渐扩大到其他国家,非金融类对外直接投资流量在 2003 年之后得以快速增长(见表 2-1),从 2003 年的 28.5 亿美元增加到 2007 年的 187.2 亿美元,年均增长率高达 60%。

截至 2006 年底,中国 5000 多家境内投资主体设立对外直接投资企业近万家,遍布全球 172 个国家和地区,对外直接投资累计净额 906.3 亿美元。2006 年,中国对外直接投资流量为 211.6 亿美元,居全球国家(地区)第 13 位。

## 第二节　中国企业跨国经营现状分析

发展跨国经营,可以缓解对国内紧缺资源的使用,能够绕过国外贸易壁垒直接到东道国办企业,从而扩大市场份额、开拓新的市场并实现产业结构调整和升级,有利于引进国外先进的技术和管理经验。因此,我国企业利用各自具备的比较优势,采取多种方式拓展跨国经营业务。

## 一、中国企业的跨国经营方式

中国企业进行跨国经营,通常采取以下四种方式。

### (一)国外生产、用国外品牌

这种跨国经营方式难度最大。因为它不仅要求企业在价值增值链的不同环节上有过人之处,具有比当地企业更强的竞争优势,而且还要求企业必须与当地的经营环境和传统文化高度融合。从跨国公司的经验来看,以这种方式投资成功的案例并不多。

### (二)国外生产、用中国自己的品牌

这种跨国经营模式也具有一定的挑战性。首先,它要求企业的产品具有品牌优势,而品牌优势的形成是需要时间考验的;其次,在国外投资建厂要求企业拥有足够的资金和丰富的经营管理能力;再者,成功管理品牌还要求企业能聘有熟谙当地市场情况的专业人才。这三个基本条件目前在中国企业中基本不具备,万向集团正在尝试着这种经营模式。

### (三)中国生产、用国外品牌

这种跨国经营模式即为通常所说的"贴牌生产"(Original Equipment Manufacturer,OEM):国外企业提供品牌或者原材料,中国企业进行加工,赚取加工费。

贴牌生产是企业在国际市场开拓缺乏经验或国外市场竞争激烈时,进入国际市场的重要方式。不仅可以利用国外企业尤其是跨国公司或国外著名经销商的品牌和网络资源,迅速占有市场份额,而且可以使企业在为外商加工生产过程中,增加与国外企业的接触与交流,学习先进的技术和管理经验,提高企业内部生产技术水平、管理水平,锻炼员工素质,提升企业形象。此外,通过贴牌生产,企业还能够学习和掌握国际竞争规则,逐渐

在国外厂商中建立信誉,打开产品外销的渠道。

贴牌生产方式在我国十分普遍。中国外贸 200 强企业出口值中有 70％就是通过这种经营方式实现的,且有很多的成功案例。如格兰仕集团,就是以从事贴牌生产起家的,通过贴牌生产引进国外先进技术,成为世界第一大微波炉生产制造商,目前已是名副其实的世界微波炉生产和销售中心,在国际市场具有相当的知名度。

**(四)中国生产、用中国品牌**

这种模式主要以贸易方式进行跨国经营。以中国本土为生产基地,通过国际贸易为先导,随后根据自身实际条件分阶段、分步骤将企业的生产经营环节向目标市场拓展,开展多方位的合资、战略联盟,由低到高逐级选择直接出口、设立海外代表处、海外分公司、海外子公司等方式,提升企业的国际竞争力和管理能力。采取这种方式有利于在实践中积累海外经营的经验和教训,深入了解目标国家市场的信息,如税务、法律等方面的整体环境,锻炼海外经营人才,有效控制企业海外经营中的各类风险。

我国中小企业在拓展海外目标市场的初期,往往采用这种方式进行跨国经营。目前,还有不少中小企业利用沃尔玛、家乐福、麦德龙、大荣、欧尚等全球 500 强中的十几家著名跨国零售集团在中国设立的全球采购中心进入国际市场,据麦德龙中国区采购中心总裁顾安哲介绍,进入麦德龙全球采购系统的中国产品目前已占整个亚洲区域产品总量的 65％。

## 二、中国企业跨国经营的现状分析

虽然从规模、资本还是技术水平和经营管理技能等方面,中国企业在总体上与许多国家尤其是发达国家存在明显差距,但中国的大、中、小企业却都走上了跨国经营的道路,不少企业还直接进入发达国家的内部市场,取得了令人瞩目的成就,主要表现在以下五个方面。

**(一)进入世界500强的企业数量逐年增加,企业的国际竞争力不断增强**

近年来,我国每年都有新的企业加入到世界500强的行列中。1989年,中国银行成为国内第一个登上《财富》杂志全球500强榜单的企业;1995年,国内有3家公司进入全球500强;1999年,有9家公司进入排名;2002年,列入世界企业500强的中国企业有11家;2004年,国内进入世界500强的有14家企业;2006年,共有22家中国企业进入世界500强,其中内地公司19家、台湾地区公司2家、香港地区公司1家(见表2-2)。

表2-2　2006年度进入《财富》杂志全球500强的中国企业

| 排名 | 公司名称 | 主要业务 | 营业收入(亿美元) |
|---|---|---|---|
| 23 | 中国石化 | 炼油 | 987.84 |
| 32 | 国家电网 | 电力 | 869.84 |
| 39 | 中国石油天然气 | 炼油 | 835.56 |
| 199 | 中国工商银行 | 银行 | 291.67 |
| 202 | 中国移动通信 | 电信 | 287.77 |
| 206 | 鸿海精密(台湾) | 电子 | 283.50 |
| 217 | 中国人寿 | 保险 | 273.89 |
| 255 | 中国银行 | 银行 | 238.60 |
| 259 | 和记黄埔(香港) | 多元化 | 234.74 |
| 266 | 中国南方电网 | 电力 | 231.05 |

续表

| 排名 | 公司名称 | 主要业务 | 营业收入(亿美元) |
|---|---|---|---|
| 277 | 中国建设银行 | 银行 | 227.70 |
| 279 | 中国电信 | 电信 | 227.35 |
| 296 | 宝钢集团 | 金属 | 215.01 |
| 304 | 中化集团 | 贸易 | 210.89 |
| 331 | 国泰金融控股(台湾) | 保险 | 194.68 |
| 377 | 中国农业银行 | 银行 | 171.65 |
| 441 | 中国铁路工程总公司 | 工程建筑 | 152.93 |
| 463 | 中粮集团 | 贸易 | 146.53 |
| 470 | 一汽集团 | 汽车 | 145.10 |
| 475 | 上汽集团 | 汽车 | 143.65 |
| 485 | 中国铁道建筑总公司 | 工程建筑 | 141.38 |
| 486 | 中国建筑工程总公司 | 工程建筑 | 141.22 |

数据来源:http://finance.sina.com.cn(2006年07月13日)

　　随着全球化经济发展的日益深入,中国的许多企业在与国际跨国企业巨头们的竞争与合作过程中,积累了不少经验和一定的竞争优势,涌现出一大批佼佼者,如2006年中国制造业企业中排名前三位的宝山集团、一汽集团、上汽集团等。据不完全统计,经过近30年的发展,中国的跨国经营企业掌控着超过500多亿美元的国外资产,拥有大约近30万名外国员工,国外年销售额达到近千亿美元。

### (二)跨国经营企业产品的国际市场份额不断上升

　　我国各类跨国经营企业的产品在国际市场中的份额呈不断

上升态势,开始逐步形成自己的国际生产基地和营销网络,有些产品在国际市场的占有率已位居世界前列。

以家电产品为例,如位居中国电子信息百强企业之首的海尔集团,坚持全面实施国际化战略,已建立起一个具有国际竞争力的全球设计网络、制造网络、营销与服务网络。自1994年通过一家经销商出售电冰箱打入美国市场起,2000年投资3000万美元在美国南卡罗莱纳州坎姆顿设厂生产家电产品,2001年在美国的销售总量达到150万台,当年实现盈利,2004年入选世界五大品牌价值评估机构之一的世界品牌实验室编制的《世界最具影响力的100个品牌》,2005年被英国《金融时报》评为"中国十大世界级品牌"之首,跻身世界级品牌行列。目前在全球30多个国家建立本土化的设计中心、制造基地和贸易公司,全球员工总数超过5万人,海外工厂全线运营,出口到世界160多个国家和地区,进入欧洲15家大连锁店的12家、美国前10大连锁店,在美国、欧洲初步实现了设计、生产、销售"三位一体"的本土化目标。据全球权威消费市场调查与分析机构EURO-MONITOR最新调查结果显示,按公司销量统计,海尔集团目前在全球白色电器制造商中排名第五;按品牌销量统计,海尔跃升全球第二大白色家电品牌。

其他企业如格兰仕集团,2000年其微波炉的生产规模已达1200万台,位居世界第一位,国际市场占有率达35%;2004年格兰仕集团打造"全球微波炉制造中心"、"全球空调制造中心"、"全球小家电制造中心"三大制造基地,在保持微波炉制造、光波炉制造世界第一的基础上,进入世界一线空调品牌阵营。目前格兰仕电器产品旺销全球近200个国家和地区。

此外,中国国际海运集装箱(集团)股份有限公司在全球范围内建立了技术开发、市场营销和生产制造体系,经营着80多条国际航线,船舶在全球超过30个国家和地区的100多个港口挂靠,拥有 400 多个代理及分支机构,网点遍及全球,集装箱全球市场占有率已突破 40%,并成为全球唯一能够提供三大系列、100 多个品种集装箱产品的供应商。

中国著名的汽车零部件企业——万向集团,其生产的汽车万向节于 1984 年由美国舍勒公司引进美国市场,1994 年建立万向美国公司。之后在美国、英国、德国、加拿大、澳大利亚等 8 个国家设立、并购、参股 18 家公司,构建了覆盖全球 50 多个国家和地区的国际制造、营销网络,产品进入"通用"、"福特"、"克莱斯勒"等国际一流汽车主机厂的配套生产线,并在北美组建海外技术中心,负责新产品设计开发,成为全球万向节行业中规模最大、设备最先进的生产基地,产销量占全球市场 10% 左右。

联想集团在 2005 年 5 月完成对 IBM 个人电脑事业部的收购,标志着新联想成为全球服务于世界各地的企业客户和个人客户的个人电脑市场的领先者,标志着中国 IT 企业的整体实力在全球范围内得到高度重视和认同。

### (三)多元化经营趋势日益显著

目前,中国企业跨国经营多元化发展趋势日益显著。对外投资办厂和加工装配业务已扩展到 170 多个国家和地区,涉及贸易、生产加工、资源开发、交通运输、承包工程、金融业、农业及农产品综合开发、医疗卫生、旅游餐饮及咨询服务等多个领域(见表 2-3);对外承包工程业务分布在 180 多个国家和地区,涉及建筑、石油化工、电力、交通、通讯、水利、冶金、铁路、煤等领域;对外劳务合作业务由开始时以派出建筑工程劳务为主逐渐向煤炭、林业及航空航天、和平利用原子能和高科技等国民经济的各个领域扩展;对外设计咨询业务正日益扩大。

表2-3 2003—2006年对外直接投资流量的行业分布比例

| 行业类别 \ 年份 | 2003 | 2004 | 2005 | 2006 |
|---|---|---|---|---|
| 商业服务业 | 9.8% | 13.6% | 40.3% | 21.5% |
| 采矿业 | 48.4% | 32.7% | 13.7% | 19.8% |
| 金融业 | — | — | — | 17.2% |
| 批发零售业 | 12.6% | 14.5% | 18.4% | 14.3% |
| 交通运输和仓储业 | 3.0% | 15.1% | 4.7% | 8.4% |
| 制造业 | 21.8% | 13.8% | 18.6% | 8.3% |
| 房地产业 | — | — | 0.9% | 2.2% |
| 建筑业 | 1.0% | 0.9% | 0.7% | 1.7% |
| 电信及其他信息传输业 | — | 0.6% | — | 1.6% |
| 居民服务和其他服务业 | — | — | — | 1.3% |
| 技术服务和地质勘查业 | — | — | — | 1.2% |
| 水利、环境和公共设施管理业 | — | — | — | 1.0% |
| 农、林、牧、渔业 | 3.0% | 5.3% | 0.9% | 0.9% |
| 其他 | 0.4% | 3.5% | 1.8% | 0.6% |

数据来源:根据中华人民共和国商务部对外经济合作司提供的统计公报整理。

### (四)经营主体结构进一步优化

经过近30年的发展,中国对外投资主体已逐步从贸易公司为主向大中型生产企业为主转变,生产企业对外投资所占比重不断增大,贸易公司所占比重逐渐减少。特别是海尔、联想、格兰仕、万向、春兰等一批骨干企业积极开展跨国经营并取得了较好成效,已成为中国对外投资的主力军。

与此同时,对外投资主体的所有制结构得到进一步改善,有限责任公司、私营企业对外投资比重逐步增加,而国有企业的对外投资比重相应下降(见表2-4)。

表2-4  2003—2006年对外投资的投资主体基本结构比例

| 投资主体类别 \ 年份 | 2003 | 2004 | 2005 | 2006 |
|---|---|---|---|---|
| 有限责任公司 | 22% | 30% | 32% | 33% |
| 国有企业 | 43% | 35% | 29% | 26% |
| 私营企业 | 10% | 12% | 13% | 12% |
| 股份有限公司 | 11% | 10% | 12% | 11% |
| 股份合作企业 | 4% | 3% | 4% | 9% |
| 外商投资企业 | 5% | 5% | 5% | 4% |
| 集体企业 | 2% | 2% | 2% | 2% |
| 港澳台投资企业 | 2% | 2% | 2% | 2% |
| 联营企业 | 1% | 1% | 1% | 1% |

数据来源:根据中华人民共和国商务部对外经济合作司提供的统计公报整理

**(五)对外投资的区域分布更趋合理**

如前所述,在中国跨国直接投资的起步阶段,由于投资主体的限制,投资区域多选择在原进出口市场集中的地区,以亚洲尤其是东南亚为主。但近几年来,投资逐渐向拉丁美洲、非洲、欧洲、北美洲和大洋洲等世界各大洲转移,区域覆盖率更趋合理。2005年中国对拉丁美洲地区的投资首次超过亚洲地区位居榜首(见表2-5)。

表 2-5  2003—2006 年非金融类对外直接投资在各洲的投资比例

| 年份<br>区域类别 | 2003 | 2004 | 2005 | 2006 |
|---|---|---|---|---|
| 亚洲 | 52.7% | 54.8% | 36.6% | 43.5% |
| 拉丁美洲 | 36.4% | 32.1% | 52.7% | 48.0% |
| 欧洲 | 5.1% | 2.8% | 3.2% | 3.4% |
| 非洲 | 2.6% | 5.8% | 3.2% | 2.9% |
| 北美洲 | 2.0% | 2.3% | 2.6% | 1.5% |
| 大洋洲 | 1.2% | 2.2% | 1.7% | 0.7% |

数据来源:根据中华人民共和国商务部对外经济合作司提供的统计公报整理

# 第三节  中国企业跨国经营对国民经济发展的贡献

发展跨国经营,对于母国经济而言,可以缓解国内紧缺资源的使用,绕过国外贸易壁垒直接到东道国办企业从而扩大市场份额、开拓新的市场并实现产业结构调整和升级;对于东道国经济而言,则可以帮助其打开国门,引进国外各种资源和要素,如先进的技术和管理经验、充沛的资金支持和营销渠道等,建立起与世界各国经济交往的通道。中国企业的跨国经营同样对国民经济发展发挥了非常重要的作用。

## 一、跨国经营与母国经济发展

借助本国企业跨国经营所构筑的要素流通网络,母国无形中建立起一个超越国境界线的庞大的国民经济体系。依托这个经济体系,可以实现全球范围内的资源整合和配置,并通过体系内外双向资源转移,跨国经营,能够有力地拉动母国国民经济的发展。

具体而言,母国企业的跨国经营活动可以视为一种经济领域的对外扩张,其目标就是占领更大的世界市场,推广本国的商品和资源,获取全球范围内整合、配置各类资源的能力。相对于东道国而言,母国在获取跨国经营的比较利益方面更具有优势。这种主动出击的战略主要体现于母国企业在全球范围内寻找优势资源,培养跨国的经济增长点,借助外部力量和空间来拉升本国的国民经济。

## 二、跨国经营与东道国经济发展

跨国经营将改变东道国原有的封闭式经济运行模式,使其国民经济纳入世界经济轨道。而经济上的对外开放交往总是双向的,东道国在为外国商品、技术、资本和其他经济要素的流入提供通道的同时,也为本国要素的流出创造了空间。这种双向的交流提高了东道国的经济开放度,为其经济发展注入了新的活力。

首先,母国企业通过跨国经营将一些具有比较优势的稀缺资源和要素投入东道国,或将一些因某些要素稀缺而无法进一步发展扩大的产业部门转移到要素相对丰裕的东道国,这就为东道国改进旧的生产模式、改造旧产业、创造新的产业部门提供了动力。

其次,跨国经营给东道国带来了更多的稀缺资源,不管是直接的商品进口,还是由技术、资源等间接投入而提供的不同于其传统形式的制成品和劳务,都能够使其国内的消费者享受到新的产品和新的服务,丰富了消费品市场,扩大了消费者的视野和选择范围,提高了消费水平。

再者,新产品或新产业部门的形成,必然对其上下游部门产生联动效应,形成新的原材料和产品的采购和供应链,从而创造出更多的新的就业机会,提高居民收入水平。

此外,东道国国民经济发展状况直接影响外来企业的经营状况,从而间接地对母国的经济利益产生影响。因此,跨国经营企业都期望东道国国民经济能够持续健康运行并愿意为之付出努力。良好的经济往来和相互依存的关系还可以为国家之间保持和谐的国际政治关系奠定基础。

中国企业的跨国经营已对作为母国和东道国的本国国民经济发展发挥了积极作用。改革开放以来,中国利用外资额和进出口贸易额逐年剧增,在国民生产总值中所占的比重不断扩大(见表 2-6),这意味着中国企业的跨国经营业务正在迅速扩张,并在国民经济建设中发挥着越来越重要的作用,为国民经济的快速发展提供了强有力的支撑,成为经济发展的重要推动力。

表 2-6　改革开放以来中国企业利用外资及进出口贸易基本状况

| 年份 | 国民生产总值(亿美元) | 利用外资 | | 进出口贸易 | |
|---|---|---|---|---|---|
| | | 利用外资额(亿美元) | 占国民生产总值比重(%) | 进出口贸易额(亿美元) | 占国民生产总值比重(%) |
| 1978 | 2165.133 | — | — | 210.86 | 9.74 |
| 1979 | 2612.591 | | | 292.35 | 11.19 |
| 1980 | 3033.652 | | | 380.40 | 12.54 |
| 1981 | 2868.560 | 124.57 | 1.10 | 440.22 | 15.35 |
| 1982 | 2816.619 | | | 380.01 | 13.49 |
| 1983 | 3029.585 | 19.81 | 0.65 | 394.24 | 13.01 |
| 1984 | 3122.307 | 27.05 | 0.87 | 477.96 | 15.31 |

续表

| 年份 | 国民生产总值（亿美元） | 利用外资 | | 进出口贸易 | |
|---|---|---|---|---|---|
| | | 利用外资额（亿美元） | 占国民生产总值比重（%） | 进出口贸易额（亿美元） | 占国民生产总值比重（%） |
| 1985 | 3077.593 | 46.47 | 1.51 | 696.00 | 22.62 |
| 1986 | 2975.666 | 72.58 | 2.44 | 738.50 | 24.82 |
| 1987 | 3237.585 | 84.52 | 2.61 | 826.50 | 25.53 |
| 1988 | 4039.876 | 102.26 | 2.53 | 1027.90 | 25.44 |
| 1989 | 4515.396 | 100.59 | 2.23 | 1116.80 | 24.73 |
| 1990 | 3913.347 | 102.89 | 2.63 | 1154.40 | 29.50 |
| 1991 | 4100.049 | 115.54 | 2.82 | 1357.00 | 33.10 |
| 1992 | 4884.720 | 192.02 | 3.93 | 1655.30 | 33.89 |
| 1993 | 6119.407 | 389.60 | 6.37 | 1957.00 | 31.98 |
| 1994 | 5581.869 | 432.13 | 7.74 | 2366.20 | 42.39 |
| 1995 | 7161.737 | 481.33 | 6.72 | 2808.60 | 39.22 |
| 1996 | 8436.469 | 548.04 | 6.50 | 2898.80 | 34.36 |
| 1997 | 9367.311 | 644.08 | 6.88 | 3251.60 | 34.71 |
| 1998 | 10028.300 | 585.57 | 5.84 | 3239.50 | 32.30 |
| 1999 | 10653.030 | 526.59 | 4.94 | 3606.30 | 33.85 |
| 2000 | 11838.090 | 593.56 | 5.01 | 4742.90 | 40.06 |
| 2001 | 13056.450 | 496.72 | 3.80 | 5096.50 | 39.03 |
| 2002 | 14388.750 | 550.11 | 3.82 | 6207.70 | 43.14 |
| 2003 | 16331.280 | 561.40 | 3.44 | 8509.90 | 52.11 |
| 2004 | 19281.210 | 640.72 | 3.32 | 11545.50 | 59.88 |

续表

| 年份 | 国民生产总值（亿美元） | 利用外资 | | 进出口贸易 | |
|---|---|---|---|---|---|
| | | 利用外资额（亿美元） | 占国民生产总值比重（%） | 进出口贸易额（亿美元） | 占国民生产总值比重（%） |
| 2005 | 22510.810 | 638.05 | 2.83 | 14219.10 | 63.17 |
| 2006 | 26175.550 | 735.23 | 2.81 | 17604.00 | 67.25 |
| 2007 | 32383.820 | 747.70 | 2.31 | 21700.00 | 67.01 |

数据来源：(1)1978—2007 年国民生产总值（按美元）数据是根据当年末的人民币数值与汇率中间价汇兑计算得出。其中，1978—2005 年的国民生产总值（按人民币）数据来源于《中国统计年鉴》(2006)，2006—2007年的国民生产总值（按人民币）数据来源于 http://www.stats.gov.cn/tjgb/；(2)1978—1985 年的进出口贸易数据来源于《中国统计年鉴》(1986)，1986—2005 年的进出口贸易数据来源于《中国统计年鉴》(2006)，2006—2007 年的进出口贸易数据来源于 http://www.stats.gov.cn/tjgb/；(3)1978—2004 年的利用外资数据来源于《新中国五十五年统计资料汇编》(中国统计出版社，2005.11)，2005—2007 年的利用外资数据来源于 http://www.stats.gov.cn/tjgb/。

如表 2-6 所示，进出口贸易对中国的经济发展做出了重要贡献。近年来，中国国民生产总值的 2/3 来自于进出口贸易。而国际贸易的持续性大幅增长主要得益于各种国际直接投资。此外，外资企业进入所带来的市场竞争效应，以及跨国经营企业的当地化战略所产生的关联效应，都对中国经济发展发挥了积极作用。中国改革开放 30 年后的今天，企业的跨国经营已经成为中国国民经济的重要组成部分，对中国经济发展的促进作用日益显著。

# 第四节　中国企业跨国经营的
## 核心问题:汇率风险

汇率,是不同货币之间兑换的比率或比价,是一种货币用另一种货币表示的价格。当汇率发生变化时,一定数量某种外汇兑换或折算成本币或另一种币别的外汇数量额较以前为少或为多,这就给外汇持有者或运用者带来损失或盈利的不确定性,即汇率风险。

众所周知,跨国经营企业是以一种国际性的、跨国界的方式从事经营活动,不可避免地会在世界范围内投放和回收大笔外汇资金、收付大量外汇,并拥有巨额以外币表示的债权债务。因此,跨国经营企业在其跨国经营活动中始终面临着一个非常重要的问题:汇率风险。

跨国经营企业的汇率风险是指跨国经营企业在持有或运用外汇时,因汇率变动而蒙受损失或获得收益的可能性。由于汇率变动是跨国经营活动中的不确定因素,会改变跨国经营企业未来的现金流量,影响着企业的成长和发展。随着跨国经营业务的日益扩大,尤其是近年来受整个世界经济运行的影响,汇率的波动幅度越来越大,美元、欧元、日元、澳元等跨国经营企业主要货款货币和债务货币兑人民币的波动幅度均在 20% 左右(见表 2-7),使企业面临的汇率风险越来越多,其影响也越来越重要。

表2-7 1993—2007年主要外币兑人民币汇率

单位:100外币(现汇价)

| 币种\时间 | 美元 | | 欧元 | | 日元 | | 澳元 | |
|---|---|---|---|---|---|---|---|---|
| | 买入价 | 卖出价 | 买入价 | 卖出价 | 买入价 | 卖出价 | 买入价 | 卖出价 |
| 1993.12.30 | 578.7037 | 578.7037 | — | — | — | — | — | — |
| 1999.12.30 | 826.6900 | 829.1700 | 830.9500 | 833.4400 | 8.0876 | 8.1201 | 537.8600 | 540.0200 |
| 2000.12.29 | 826.5700 | 829.0500 | 768.5100 | 770.8100 | 7.2197 | 7.2487 | 457.7300 | 459.5700 |
| 2001.12.31 | 826.4200 | 828.9000 | 730.6900 | 732.8700 | 6.2910 | 6.3100 | 422.6800 | 423.9400 |
| 2002.12.31 | 826.4900 | 828.9700 | 862.3000 | 864.9000 | 6.8862 | 6.9208 | 466.7000 | 469.0400 |
| 2003.12.31 | 826.4300 | 828.9100 | 1032.2800 | 1035.3800 | 7.7070 | 7.7456 | 618.5800 | 621.6800 |
| 2004.12.31 | 826.4100 | 828.8900 | 1124.5800 | 1127.9600 | 7.9502 | 7.9900 | 642.6700 | 645.8900 |
| 2005.12.31 | 805.4100 | 808.4700 | 951.5300 | 959.1700 | 6.8297 | 6.8846 | 588.3000 | 593.0200 |
| 2006.12.31 | 779.1700 | 773.0600 | 1026.6300 | 1034.8700 | 6.5324 | 6.3947 | 613.5300 | 618.4500 |
| 2007.12.31 | 729.0000 | 731.9200 | 1062.4200 | 1070.9600 | 6.3808 | 6.4320 | 637.8000 | 642.9200 |
| 2008.03.31 | 699.8000 | 702.6000 | 1104.6200 | 1113.4900 | 7.0282 | 7.0847 | 638.5100 | 643.6400 |

数据来源:http://www.bank-of-china.com

　　越来越频繁的汇率波动以及越来越大的波动幅度使正在不断拓展和扩大的跨国经营业务受其影响的程度越来越深,大量的汇兑损益将直接关系到这类企业的成本效益和发展壮大,从而影响到整个国民经济的良好运行。正如美国全国期货协会主席汉森曾经指出:"中国对其外汇贷款不进行套期保值而带来的损失,已远远超过中国过去在期货交易中受到的损失。"据国家管理部门相关统计,目前我国境外企业在外汇资产经营上的总体状况为:盈利的企业只占50%左右,盈亏持平的企业占30%,亏损的企业占20%。

　　这种汇率风险,是由国际资本市场未来变化的不确定性所导致的,不可避免,关键是如何去管理,由此就涉及到汇率风险管理问题。对此,国家计委、中国人民银行和外管局曾联合下发了《国有和国有控股企业外债风险管理及结构调整指导意见》,要求国有和国有控股企业针对外债风险管理方面存在的问题,采取一系列对策和措施。可见,加强汇率风险管理也越来越被我国政府所重视。

## 一、跨国经营企业汇率风险的种类

如前所述,跨国经营企业面临的汇率风险是指经济主体在持有或运用外汇的经济活动中,因汇率变动而蒙受损失或获取收益的可能性,主要有交易风险、经营风险和折算风险三类。

### (一)交易风险

交易风险(transaction exposure)是指经济主体在运用外币进行计价收付的交易中,因汇率变动而蒙受损失或获取收益的可能性。

跨国经营企业面临的交易风险主要在以下四种情况下发生:

(1)信用贸易。在以延期付款或预付货款为支付条件的商品劳务进出口贸易中,由于外汇汇率在收付外币货款时较合同签订时上涨或下跌,造成进出口商多付少收或者少付多收本币或其他货币;

(2)资金融通。外汇资金借贷活动中,因外汇汇率在外币债权债务清偿时较债权债务形成时上涨或下跌,造成债权人债务人少收多付或者多收少付本币或其他货币;

(3)直接投资。对外直接投资中,因外汇汇率在资金投放时较资金回收时上涨或下跌,造成出资方受资方多付少收或者少付多收本币或其他货币;

(4)外汇交易。各类外汇买卖过程中,因外汇汇率在买卖交割时较买卖成交时上涨或下跌,造成买方卖方多付少收或者少付多收本币或其他货币。

## (二)经营风险

经营风险(operating exposure)又称经济风险,是指汇率波动(特别是意外的汇率波动)通过影响企业生产销售数量、价格、成本,从而引起企业未来一定时期内收益或现金流量异常变动的可能性。

经营风险是一种潜在的汇率风险。如果进口国的货币贬值,必然会增加其进口成本,进口承受能力下降,出口国面临降低出口价格或减少出口数量的选择,但无论哪种选择都会影响出口国的出口经营效益;反之,如果进口国的货币升值,虽然因为进口成本下降有利于出口国向其出口,但由于货币升值,进口国的出口盈利将减少,势必降低其对外支付能力,从而影响其进口,最终影响出口国的出口经营效益。

对跨国经营企业而言,经营风险的影响要比交易风险的影响复杂得多。

## (三)折算风险

折算风险(translation exposure)又称会计风险,是指经济主体在对财务报表进行会计处理过程中,将功能货币转换成记账货币时,因汇率变动而呈现账面损失或收益的可能性。

所谓功能货币是指跨国经营企业在日常经营活动中使用的货币,记账货币则是指跨国经营企业在编制财务报表时所采用的报告货币。当功能货币与记账货币不一致时,编制财务报表就需要进行一定的换算。跨国经营企业的国外子公司和分支机构的财务报表,大多按日常经营活动所在国的货币进行表述,当跨国经营企业将世界各地子公司的报表进行合并时,就需要把它们折算成母公司的报告货币进行表述。由于功能货币与记账货币之间汇率的变动,财务报表中某些项目的价值也会发生相应的变动,如当子公司的货币处于弱势时,母公司的总收益就会减少。同一般涉外经济主体相比,折算风险在跨国经营企业的经营活动中表现得尤为突出。

## 二、跨国经营企业汇率风险影响因素分析

### (一)汇率风险的一般影响因素

不兑换纸本位制下,影响汇率变动的因素是多方面的,包括通货膨胀、国际收支、利率水平、经济增长、货币供给、汇率政策、财政收支等经济因素,以及投机、军事冲突、政治危机等其他因素。通常,一国经济实力的变化与宏观经济政策的选择,是决定汇率长期发展趋势的根本原因。

1.通货膨胀

通货膨胀率的高低是影响汇率变化的基础。通货膨胀通常会造成国内物价上涨,在汇率不变的情况下,将使出口减少、进口增加,引起外汇市场上出现外汇供不应求现象,从而引起外汇汇率上升;相反,如果一国通货膨胀率降低,外汇汇率一般会下跌。

同时,通货膨胀将使一国货币在国内的购买力下降,使货币对内贬值。在其他条件不变的情况下,货币对内贬值,意味着其单位货币所代表的价值量减少,该国货币折算成外国货币时需付出比原来更多的货币数量,从而引起对外贬值,外汇汇率上升。

2.国际收支

国际收支是一国对外经济活动中各种收支的总和,其变动影响着汇率的中长期走势,是决定汇率变动趋势的主导因素。浮动汇率制下,外汇市场的供求状况决定着汇率的变动。因此,国际收支逆差表明外汇供不应求,将引起本币贬值、外币升值,

即外汇汇率上升;反之,国际收支顺差表明外汇供过于求,则将引起外汇汇率下降。

3.利率水平

利率是汇率短期变动的主要影响因素。其对汇率的影响是通过不同国家的利率差异引起资金尤其是短期资金的流入流出而进行的。通常,如果两国利率差异大于两国远期、即期汇率差异,则资金便会由利率较低的国家流向利率较高的国家,从而有利于利率较高国家的国际收支,并进而导致外汇汇率波动;反之,如果两国利率差异小于两国远期、即期汇率差异,则资金便会由利率较高的国家流向利率较低的国家,从而有利于利率较低国家的国际收支,并进而导致外汇汇率波动。

利率水平的高低,只是在一定条件下对汇率的变动起暂时的影响。从决定汇率升降趋势的基本因素看,其作用是有限的。

4.经济增长

通常,一国经济的不断增长,将使其国民收入增加、消费水平提高,对本币的需求相应增加。如果货币供给不变,则对本币的额外需求将提高本币价值,从而使外汇汇率下降。

但事实上,经济增长最终引起外汇汇率上升还是下降,将取决于导致经济增长的原因:若经济增长由内需引发,出口基本保持不变,超额的需求必然要通过扩大进口来满足,随着进口的不断增加,外汇汇率将上升;反之,若经济增长以出口为导向,则随着出口的不断增加,外汇汇率势必会下降。

5.货币供给

货币供给是决定货币价值、货币购买力的首要因素。如果本国货币供给减少,则本币由于稀少而更有价值,同时,货币供给减少往往与银根紧缩、信贷紧缩相关,将造成总需求、产量和就业下降,从而使商品价格也下降,在其他条件不变的情况下,出口增加、进口减少,引起外汇市场上出现外汇供过于求现象,外汇汇率将相应下降;反之,如果货币供给增加,超额货币将以通货膨胀形式出现,使本国商品价格上涨,在其他条件不变的情况下,出口减少、进口增加,引起外汇市场上出现外汇供不应求现象,外汇汇率将相应上升。

6. 汇率政策

各国政府的汇率政策实施及对外汇市场的干预,在一定程度上影响着汇率的变动。浮动汇率制下,各国中央银行或货币管理当局通常都会采取调整货币政策和汇率政策等措施,如调整外汇储备、公开市场操作、外汇管制等,以期影响外汇市场中的供求关系,从而实现维持本国货币稳定的目的。

7. 财政收支

一国财政收支状况对国际收支有着很大影响,进而影响着汇率的变动。如一国财政赤字扩大,将增加社会总需求,这往往导致国际收支逆差和通货膨胀加剧,结果使本币购买力下降,外汇需求增加,进而推动汇率上涨。但如果在财政赤字扩大的同时,货币政策方面采取严格控制货币量供应、提高利率的举措,若反而吸引了外资流入,则将使本币升值,进而促使外汇汇率下降。

8. 心理预期

金融市场的交易事实上就是对资金未来不确定性的反应和处理。因此,每天都致力于外汇市场走势分析和研究的外汇市场参与者和研究者们,如外汇交易员、技术分析员、金融专家和经济学家等,他们对市场的判断及对市场交易人员心理的影响以及交易者自身对市场走势的预测都是影响汇率短期波动的重要因素。当市场预期某种货币趋跌时,交易者会大量抛售该货币,造成该货币外汇汇率上扬、币值下跌的事实;反之,当人们预期某种货币趋于坚挺时,又会大量买进该种货币,出现该货币外汇汇率下浮、币值上升的现实。社会公众的心理预期具有投机性和分散性特点,这加剧了汇率短期波动的振幅和频率。

9.投机活动

自 20 世纪 70 年代实行浮动汇率制以来,外汇市场的游资活动愈演愈烈,投机者尤其对冲基金往往拥有雄厚的资金实力,在外汇市场上翻手为云覆手为雨、推波助澜,使汇率的变动远远偏离其均衡水平。其攻势之强,使各国央行甚至多国央行联手干预外汇市场也难以阻挡,如 1992 年出现的欧洲金融风暴、1997 年发生的东南亚金融危机等。过度的投机活动歪曲了正常的外汇供求关系,妨碍了正常的外汇交易,从而加剧外汇市场汇率的波动。

10.政治及其他突发因素

资本本身具有趋利性,一旦受外界不可预期因素影响,马上就会作出快速反应,有时甚至是过度反应。因此,政治及其他突发性因素,如政权更迭、政局动荡、政策改变以及军事冲突、经济制裁和自然灾害等,都会对外汇市场产生直接的、剧烈的甚至是致命的影响,使汇率发生不可预期的巨变。由于政治及其他突发性事件的发生具有突发性和临时性特点,使市场难以预测,更容易冲击和打击市场的正常交易活动,造成不可预期的变动,且需经过一段时期才能得以恢复。

综上所述,影响汇率变动的因素是多种多样的,且这些因素之间的关系错综复杂,有些共同作用,有些此消彼长、此起彼伏。其中,一国的财政货币政策对汇率的变动起着决定性作用,将汇率确定在一个适度水平已成为货币政策目标之一;从长期看,决定汇率变化的基本因素是国际收支和通货膨胀;短期内,利率因素和汇率政策只能起从属作用,即助长或削弱基本因素所起的作用;投机活动及政治或其他突发因素只是在其他因素所决定的汇率基本趋势基础上起推波助澜的作用。

### （二）交易风险的影响因素

交易风险是经济主体在运用外币进行计价收付的交易中，因汇率变动而蒙受损失或获取收益的可能性。影响交易风险的因素主要是计价收付的时间和计价收付的货币种类。

1. 时间因素

时间因素对交易风险的影响主要体现在以下四个方面：

（1）信用交易中，由于以延期付款或预付货款为支付条件的商品劳务进出口贸易的收付货款与签订贸易合同的时间不一致，就会出现因汇率波动而造成的交易风险。若外汇汇率在收取外币货款时较合同签订时下跌，或在支付外币货款时较合同签订时上涨，将造成出口商少收或进口商多付本币或其他货币的风险损失。

（2）资金融通中，由于外汇资金借贷活动中外币债权债务的清偿与其债权债务形成的时间不一致，就会出现因汇率波动而造成的交易风险。若外汇汇率在外币债权债务清偿时较债权债务形成时上涨，将造成债务人多付本币或其他货币的风险损失。反之，若外汇汇率在外币债权债务清偿时较债权债务形成时下跌，将造成债权人少收本币或其他货币的风险损失。

（3）对外直接投资中，由于资金投放与资金回收的时间不一致，就会出现因汇率波动而造成的交易风险。若外汇汇率在资金回收时较资金投放时下跌，将造成出资方少收本币或其他货币的风险损失。反之，若外汇汇率在资金回收时较资金投放时上涨，将造成受资方多付本币或其他货币的风险损失。

（4）各类外汇买卖过程中，由于买卖交割与买卖成交的时间不一致，就会出现因汇率波动而造成的交易风险。若外汇汇率在买卖交割时较买卖成交时上涨，将造成买方多付本币或其他货币的风险损失。反之，若外汇汇率在买卖交割时较买卖成交时下跌，将造成卖方少收本币或其他货币的风险损失。

时间越长,产生损失或丧失所期待利益的可能性就越大,汇率波动幅度也就越大,交易风险随之变大。

2.币种因素

在计价收付过程中,由于所选择的货币不同,将产生一定的风险损益,具体表现在以下四个方面:

(1)进出口贸易中,若出口商选择某种硬货币(预期币值将不断上升)作为计价结算货币,但当该货币出现贬值情况时,出口商将蒙受风险损失。反之,若进口商选择某种软货币(预期币值将不断下跌)作为计价结算货币,但当该货币出现升值情况时,进口商将蒙受风险损失;

(2)资金融通中,若债权人选择某种硬货币(预期币值将不断上升)作为融通对象贷出,但当债权债务清偿时该货币出现贬值情况,则债权人将蒙受风险损失。反之,若债务人选择某种软货币(预期币值将不断下跌)作为融通对象借入,但当债权债务清偿时该货币出现升值情况,则债务人将蒙受风险损失;

(3)对外直接投资中,若出资方选择某种硬货币(预期币值将不断上升)作为投资货币,但当该货币出现贬值情况时,出资方将蒙受风险损失。反之,若受资方选择某种软货币(预期币值将不断下跌)作为融资货币,但当该货币出现升值情况时,受资方将蒙受风险损失;

(4)外汇买卖过程中,若卖方选择某种硬货币(预期币值将不断上升)作为计价结算货币,但当该货币出现贬值情况时,卖方将蒙受风险损失。反之,若买方选择某种软货币(预期币值将不断下跌)作为计价结算货币,但当该货币出现升值情况时,买方将蒙受风险损失。

**(三)经营风险的影响因素**

经营风险是由于汇率波动影响企业生产销售数量、价格、成本,从而引起企业未来一定时期内收益或现金流量异常变动的可能性。对跨国经营企业而言,影响其经营风险的主要原因在于各子公司的产品生产成本、销售价格和销售数量等的变化。

1. 生产成本

货币贬值的国家一般都伴随着严重的通货膨胀,当子公司所在国的货币贬值对该国国内经济产生的膨胀作用在时滞效应过去后,最终将会导致子公司的成本开支上升,从而影响母公司的预期收益和现金流量。

2. 销售价格和销售数量

(1)出口销售。子公司出口销售收取的是外币,因此,外币汇率的变动将影响子公司的产品定价决策。若出口产品的需求弹性高,则降价效果就会比较好,销售数量将明显增加,从而增加母公司的预期收益和现金流量;反之,若出口产品的需求弹性低,则降价效果就会比较差,影响销售数量和销售收入,从而影响母公司的预期收益和现金流量。

(2)当地销售。货币贬值一般都会削弱进口商品的竞争力,因此,当子公司面临的进口竞争很激烈时,若产品需求弹性很充足,则可以保持现行售价不变,促使销售数量上升;若弹性不足,则只能适当提价,但有可能影响销售数量。

由于销售价格和销售数量的变化通常与货币贬值的程度难以保持一致,因此,跨国经营企业的预期收益或现金流量将会受到一定影响。

3. 折旧

折旧一般不会对现金流量产生直接影响,但其对所得税的规避效应却会间接影响跨国经营企业的现金流动状况。

4. 营运资金

汇率变动对公司销售收入及成本开支的各项影响,会增加或减少子公司对营运资金的需求,进而影响到整个跨国公司的现金流动状况。

## (四)折算风险的影响因素

折算风险是经济主体在对财务报表进行会计处理过程中，将功能货币转换成记账货币时,因汇率变动而呈现账面损失或收益的可能性。会计折算方法、货币种类以及子公司所在地等是影响折算风险的主要因素。

### 1.会计折算方法

折算风险就是在对财务报表进行会计处理时产生的,因此,会计折算方法成为影响跨国经营企业折算风险的主要因素。历史上曾先后出现过四种折算方法,对折算风险的影响程度各异。

(1)流动/非流动折算法。流动/非流动折算法将跨国经营企业海外分支机构的资产负债分为流动资产负债和非流动资产负债。其中,流动资产是指可以迅速变现的资产,包括现金、应收账款和存货等,其余资产属于非流动资产;流动负债指期限为1年以下的短期负债,主要包括应付账款、应付税金等,其余的负债属于非流动负债。根据这种方法,流动资产和流动负债按现行汇率(编制资产负债表时的汇率)折算,由此,流动资产和流动负债面临着折算风险;而非流动资产和非流动负债则按原始汇率(资产负债发生时的汇率)折算,即非流动资产和非流动负债不面临折算风险。

(2)货币/非货币折算法。货币/非货币折算法将跨国经营企业海外分支机构的资产负债分为货币性资产负债和非货币性资产负债。其中,所有金融资产和负债均为货币性资产负债,按现行汇率折算,由此面临着折算风险;其余资产负债列为非货币性资产负债,按原始汇率折算,即不面临折算风险。

(3)时态法。时态法根据资产负债的计量属性采取相应的汇率进行折算,如果资产负债以现行市场价格表示,则用现行汇率进行折算,面临折算风险;如果资产负债以原始成本表示,则按原始汇率折算,不面临折算风险。

（4）现行汇率法。现行汇率法将跨国经营企业海外分支机构的全部资产负债均按现行汇率进行折算。在这种方法下,海外分支机构的全部资产和负债都将承受折算风险。

不同的折算方法下,跨国经营企业的盈利状况是不同的。但是,这些折算损益都是"账面"上的,不像经营风险那样影响到企业的真实价值,这也正是区分折算风险和经营风险的意义所在。

2.货币种类

如前所述,折算风险是经济主体在对财务报表进行会计处理过程中,由于功能货币与记账货币之间的汇率变动,财务报表中某些项目的价值也会发生相应的变动,呈现出账面上的盈或亏。由此,功能货币的种类选择势必影响到折算风险。

3.子公司所在地

跨国经营企业的国外子公司通常使用其所在地货币,母公司在合并财务报表时,要对子公司所在地货币与母公司本国货币进行换算。当子公司的货币处于弱势时,母公司的总收益就会减少,由此,折算风险就受到子公司所在地的影响。

# 第三章　汇率风险对跨国经营企业经营业绩的影响

　　一国货币汇率的变动,能影响到该国经济的方方面面。其中,最为直接也是最为重要的影响就是对贸易的影响,包括宏观和微观两个方面。从宏观上讲,汇率变化因对商品进出口产生影响而使贸易收支差额以至国际收支差额发生变化;从微观上讲,汇率波动会改变进出口企业成本、利润的核算,进而影响企业的经营业绩。本章将对此展开研究,并侧重于汇率波动对跨国经营企业经营业绩影响的实证分析,以期为跨国经营企业的汇率风险管理提供一些帮助。

## 第一节　相关文献研究

　　综观近十几年来国内外有关文献,研究汇率波动对一国贸易收支状况影响或与股指之间关系的文献较多,但关于汇率波动与跨国经营企业经营业绩之间的研究非常少,尤其是实证研究则更少。

# 一、国外相关文献研究

## (一)关于汇率变动与进出口贸易关系的研究

分析汇率波动对国际贸易影响的文献数目极多,研究方法也较为成熟。其研究主要可分为两类:

一类研究用时间序列数据将一国的总出口量对加权的汇率及其他理论上会影响贸易的变量(如收入、贸易品的相对价格等)进行回归,如 Cushman(1988)等。他们分别对美国和几个主要工业国之间的双边汇率波动性对进出口的影响进行研究,得出的研究结论是汇率风险变量的系数大多不显著,且符号正负都有,由此引起了学术界不少争议。

另一类实证方法是使用双边贸易的横截面数据或 panel 数据,构造一个引力模型。在引力模型中,两国之间的贸易量随着两国的 GDP 增加而递增,随着两国之间地理上的距离增加而递减(距离在此代表阻碍贸易的运输成本)。该模型因与万有引力公式非常相似而得名,在国际经济学实证研究中被广泛地采用。在研究不确定性对贸易的影响时,可在引力方程中加入一个代表汇率波动的变量,以确定单纯由于汇率波动对出口的影响,这类研究的代表性人物有 Frankel(1993)、Dell Ariccta(1999)等。这些学者的实证研究结论基本和理论相符,即汇率波动会影响一国国际贸易,本币贬值能促进一国出口,增强其产品的出口竞争力;反之亦然。但该模型下贸易余额的调整相对实际汇率的变动有滞后效应,即通常所说的 J 曲线效应。同时还指出,名义汇率的变动和实际汇率的变动高度相关,使用几种不同的汇率风险衡量方法对比研究,结论的有效性基本一致。

## (二)关于汇率波动与股价之间关系的研究

西方学者较早关注金融市场两种主要价格——汇率和股价

之间的相互作用与影响。但无论是从理论角度还是从实证角度，学者们都远未达成共识，特别是对这两种金融价格变量的因果关系及其作用方面等还有待进一步探讨。

在理论研究方面，古典经济学理论提出股票市场和汇率之间存在相互关系，如汇率决定的流量导向模型（Dornbusch and Fisher，1980）认为，由于货币运动影响着企业国际竞争力、贸易均衡以及一个国家的真实产出，从而依次对公司的现金流量和股票价格产生影响。同时，公司股东的自有资本作为财富的一部分有可能通过对资金的需求而影响汇率的变动。

在实证研究方面，Giddy（1974）用事件分析法研究了 20 世纪 70 年代汇率大幅波动及由此产生的美元贬值对股价的影响，结果显示市场整体对贬值显示了正面反应；Aggarwal（1981）考证月度数据，发现美元定价与股票市场回报有着正方向的联系，而 Roll（1992）通过逐日数据分析发现两个市场存在着正向关联；Smith（1992）利用美、日、德三个发达国家的数据构造了一个广义模型进行分析，认为股价与汇价之间存在着重要的正向相关关系。与此相反，Soenen 和 Hennigar（1988）的研究则证实了股价和汇率之间有强烈的负相关关系；而 Chou 等人（1997）对月度数据进行分析发现，股票超回报与实际汇率回报之间没有任何关联。此外，Bahmani、Okooce 等人（1992）发表了关于美国股市和汇市之间存在双向因果作用的结论；Abdalla 和 Murinde（1997）利用韩国、菲律宾、印度等发展中的太平洋盆地国家的数据作了实证分析，推断出在这几个世界新兴市场中汇率对股价的因果影响证据十分显著；Granger 等人（2000）认为逐日的数据更适合分析资本市场短期的变化，认为在亚洲大多数国家和地区（中国香港、马来西亚、新加坡、泰国以及中国台湾等），汇率与股票价格有着很强的互动关系。

笔者认为汇率是国内外资产价格联系的桥梁，由于西方学者关于汇率和股价这两种金融资产的研究未从价格的形成机理上来说明其相互作用与影响,因而得出了互相矛盾的结论。

**(三)关于汇率波动对跨国经营企业影响的研究**

比较而言,这类研究文献数目不多,已有的讨论基本上是符合实际的。Shaprio(1975)研究汇率变化对跨国公司价值的影响;Mann(1986)考察了1977—1985年期间与美元汇率相关的一些出口企业的产品价格动态和美国企业的边际利润,结论是在一般情况下,边际利润和美元产品对汇率不敏感,对美国出口商的价格竞争力有不利的影响;Jorion(1990)考察了经营企业汇率暴露和销售额中出口比重的互相关系,认为出口比重越大,经营企业的股价对汇率波动的反映越大,并说明如果预测真实美元汇率上升,公司利润由于收汇而下降,则公司的股价就会下跌;Yakov Amihud(1994)假设美元兑换外币汇率的变化对出口企业的价值有负相关关系,并建立了一个计量经济学模型来验证这种关系。

## 二、国内相关文献研究

目前国内相关研究文献也主要集中在汇率波动对我国进出口贸易的影响方面,近年来开始关注股市和汇市的关系,至于有关汇率波动对跨国经营企业经营业绩影响的研究文献则非常少。

**(一)关于汇率波动与我国进出口贸易关系的研究**

与国外研究文献相似,这类研究大多是用时间序列数据,对人民币汇率与中国进出口贸易的相关关系进行实证分析,并针对实证结果进行分析或提出对策建议。

戴永良(1999)对1989—1997年之间的汇率变动与乡镇企业出口的关系进行实证分析,认为人民币汇率变动对乡镇企业出口的影响显著存在,从1989年以来人民币三次大幅贬值都有效地促进了我国乡镇企业出口的大幅增加。

谢资勇等人(1999)利用经济计量方法对人民币汇率与中国进出口贸易增长的相关关系进行实证分析,认为我国进出口商品的需求价格弹性之和符合马歇尔—勒纳条件,人民币汇率变动对进出口有影响,但有一段时滞,且对进口影响的时滞要长于出口。

周毓萍(2001)从分析实际汇率的决定出发,在大量数据的基础上,研究1980—1998年人民币实际汇率变化对我国出口与贸易余额的影响,认为实际汇率变动可以影响一国的国际竞争力,即本币贬值时,能够促进一国出口、增强一国产品的出口竞争力,但是贸易余额的调整相对实际汇率的变动有一个滞后效应。

刘龙庭(2002)从中国1994年汇率制度改革出发验证了中国的进出口贸易状况与"J曲线效应"有一定出入,但1994年汇率下调对中国贸易项目的改善有一定作用。

许和连、赖明勇(2002)以双边名义汇率为基础,对1978—1999年期间人民币的名义和实际有效汇率指数进行测算,并利用协整分析技术分析了人民币的实际有效汇率(REER)、中国的实际国内生产总值(CGDP)、国外实际收入(FGDP)与中国工业制成品对外贸易平衡变量(TBM)之间的长期关系,结果表明上述变量之间存在长期的均衡关系,实际的人民币贬值对我国工业制成品对外贸易有长期的有利影响。

陈平、熊欣(2002)应用贸易分析的"引力模型"对中国与主要出口国家和地区的双边数据进行回归分析,发现外国货币对美元的汇率波动对中国向该国的出口有较大负面影响,可能高达近50%。

而李海菠(2003)则应用协整分析、Granger因果性检验等实证分析方法验证了 1973—2001 年人民币实际汇率与中国对外贸易之间存在着长期均衡关系,并证实了实际汇率变动可以改善短期内中国的对外贸易状况。

### (二)关于汇率和股市相关关系的研究

我国学者对汇率波动和股市影响的研究不多。陈然方(1999)较早关注汇率和股价的相互作用与影响,认为迄今为止,这两个本应有密切关系的主导价格目前的联系却是松散的、不明显的,看不出任何的格兰杰因果关系;张碧琼、李越(2002)运用 ARDL 模型对 1993 年 12 月 27 日至 2001 年 4 月 17 日间的每日数据进行实证研究,认为人民币市场汇率和深沪股市的两个 A 股综合指数、香港恒生指数之间分别存在长期关系,二重向量自回归(VARs)估计揭示人民币兑美元市场汇率与两个 A 股指数之间存在短期相互作用。同时,纽约市场上美元兑日元的即期汇率对中国 A 股、H 股、红筹股和 HS 市场有着显著影响。

### (三)关于汇率波动对跨国经营企业影响的研究

汇率波动对进出口企业影响方面的研究文献少之又少。陈舜(1995)在其专著《对外直接投资的不确定性理论》中涉及到汇率变动对某项资产、债务或收入的实际价值的影响,并提供了一个一元线性计量经济学方程,但没有就该模型进行实证分析;陈占强(1998)则建立了一个汇率与进出口企业利润的关系模型,即 $Q = T_R - T_C$($Q$ 为主营业务利润,$T_R$ 为主营业务收入,$T_C$ 为主营业务成本),并在假定生产厂商追求利润最大化目标的前提下,结合中国近 20 年来的经济情况作了定性分析,但限于历史数据的欠缺与不完善,未作实证分析;武圣涛、叶德良(2003)通过实例运用会计核算来说明汇率的变动会影响跨国经营企业的净现金流量,进而影响企业价值。

综合以上国内外近些年来有关研究汇率波动对一国国际贸易或进出口企业业绩影响的文献,可以得出如下结论:

(1)关于汇率波动对一国国际贸易的影响。这一类文献数目多,研究方法较为成熟,实证研究结论基本和理论相符,即汇率波动会影响一国国际贸易,本币贬值能促进一国出口,增强其产品的出口竞争力;反之则反是。但贸易余额的调整相对实际汇率的变动有滞后效应,即通常所说的 J 曲线效应。

(2)关于汇率波动对一国股市或股价的影响。总的来看,这类研究无论是从理论还是实证的角度,都远未达成共识。特别是对这两种金融价格变量的因果关系及其作用方面等还未作出探讨。笔者认为原因是他们对于汇率和股价这两种金融资产的研究未从价格的形成机理上来说明其相互作用与影响,因而得出了甚至互相矛盾的结论。因为汇率是国内外资产价格联系的桥梁,而一国是否实现了资本项目的可自由兑换对这两个金融价格变量的相互作用无疑会产生重要影响。即当一国资本项目不可自由兑换时,由于切断了外汇市场与股票市场建立直接联系的渠道,因此,对于汇率和股价双向作用与影响的分析就失去了基础。而当一国实行本币在资本项目的可自由兑换,结果就截然不同了。这时汇率下跌的反应是对本国金融资产需求的下降,股价随之下降;反之汇率升值会导致股价的上涨,两者是正向的因果关系。

(3)对于汇率波动对国内公司及跨国经营企业的影响。比较而言,这类研究文献数目不多,已有的讨论基本上是符合实际的。总的来说,财富较多地暴露在汇率风险之下的或出口比重较大的公司,其利润、股价等指标对汇率波动较为敏感。

## 第二节 跨国经营企业经营业绩评价
## 指标及评价模型选择

### 一、经营业绩的含义及企业经营业绩评价方法的演进

#### (一)经营业绩的含义

企业业绩包括企业的经营业绩和管理者的管理业绩,经营业绩是对企业的所有经营活动与管理活动进行全方位评价,是个综合评价系统,可以用财务和非财务分析来反映,具有一定的客观性;而管理业绩是对管理者业绩与行为的评价,是针对人的行为的评价,具有一定的主观性。

企业经营业绩的含义,可以从两个角度来理解:一是以结果为导向的定义,指在特定的时间内由特定的工作职能或活动产生的生产记录,它考虑了包括股东、债权人、顾客等利益相关者的需求,并且将企业内不同个体的努力与企业战略目标及实施战略的要求联系起来;另一是以行为为导向的业绩,是指与企业的目标有关,可以按照个体的能力(即贡献程度)进行测量的行动或行为。这一概念强调了执行者在实现企业目标过程中的行为,而不是行为的结果。

由于在业绩管理中既需要结果,也需要行为。因此,国外的一些学者便将行为和结果综合起来考察业绩,比较有代表性的是英国的坝贝尔。他提出 330 条标准,对行为与结果综合的业绩进行了很好的说明,认为业绩是多层面的,在进行业绩评价时,应采用不同的指标,从不同的角度反映企业业绩的全貌。

国内有关经营业绩评价的研究和实践的文献也很多,具体可以参看甄增荣(2004)、朱杰(2004)、杜萍(2004)等人的阐述。

综上,笔者认为经营业绩是对企业的所有经营活动与管理活动进行全方位的综合评价,可以用财务指标和非财务指标来分析。

### (二)企业经营业绩评价方法的演进

企业经营业绩评价目前已成为当今世界上企业界和会计界的一个重要理论与实践课题,跨国经营企业随着其管理日益发展和完善,经营业绩评价方法亦逐步走向成熟。

20世纪60年代至今,从最初的单纯的财务评价到以财务为主结合非财务指标的评价,再到以战略为导向的关键成功因素的评价,业绩评价的研究获得了极大的发展,并且在实践中得到了检验和不断完善。

20世纪60年代,由于许多控股公司的重点目标是税负最小化。因此,母公司一般只注重子公司的现金流量,子公司只是母公司达到其目标的一种工具,母公司极少关心其业绩评价问题。许多控股公司出于成本效益及管理便利考虑,常借助"投资中心"或"利润中心"实施对子公司的管理与控制。这一时期,对于跨国经营企业而言,运用最广的经营业绩评价指标为销售利润率。

70年代,麦尔尼斯(Melnnes)对30家美国跨国公司1971年的业绩进行评价分析后,强调最常用的业绩评价指标是投资报酬率,其次是预算比较和历史比较。1979年泊森(Persen)与莱西格(Lezzing)对400家跨国公司经营状况所作的问卷调查显示,业绩评价指标还有销售利润率、每股收益、贴现现金流量和内含报酬率等,其中经营利润和现金流量已成为该时期业绩评价的重要因素。总之,受当时权变理论的影响,各公司的业绩评价指标差异较大,评价方法缺乏共同性和一致性,未考虑各国间的环境差异和汇率变动对业绩评价方法的影响,但普遍关注投资报酬率、预算比较、利润等纯财务指标。

80 年代,基本形成了以财务指标为主并将非财务指标作为补充的业绩评价方法体系,以预算与实际利润比较、投资报酬率、现金流量、各种财务比率为中心,并已考虑到汇率变动、通货膨胀、转移定价及其他环境因素的影响,使业绩评价方法更合理。

到了 90 年代以后,企业面临的环境是世界经济一体化、电子信息技术广泛应用、金融工具频繁使用、市场瞬息万变、全球竞争日趋激烈,原有的业绩评价体系也随之进行了革命性的改革,具体表现在非财务指标日趋重要,强调创新、学习和知识资本等无形资本的评价。

## 二、跨国经营企业经营业绩指标的选择

根据上述经营业绩的基本含义以及经营业绩评价方法的演进可以知道,企业的经营业绩是多层面的。因此,评价企业经营业绩的指标可以是财务性的,也可以是非财务性的。

传统的单一的财务评价体系已难以适应世界经济一体化发展的信息时代,发达的信息系统和高科技信息技术使得非财务指标评价、过程适时评价、无形业绩评价、顾客导向评价、企业创新评价、客户信誉评价等成为可能和必要。事实上,无论是财务评价还是非财务评价,目前都尚未建立起一套科学合理、行之有效的企业业绩评价体系,评价指标及其数量的选择、指标权数与评价标准的确定等还都存在许多争议。

本书的研究重点不是对跨国经营企业的经营业绩进行评价,而只是选取合适的经营业绩评价指标用以进行汇率波动影响的研究。鉴于财务业绩指标直接与企业的财务目标相衔接,具有综合反映企业业绩的功能,且一直是使用最广泛的指标。因此,本书将采用财务评价指标用以反映企业的经营业绩。

在跨国经营企业中,常用的财务评价指标一般是建立在财

务会计资料基础之上的,主要有利润、投资报酬率、剩余收益、销售收入、现金流量以及各种财务比率。由于本书的研究内容是汇率波动对跨国经营企业经营业绩的影响,而汇率波动对跨国经营企业最直接的影响是收入、成本及费用的变动即利润的变动,故本书主要采用易量化且易得到的主营业务利润作为经营业绩指标。

主营业务利润为主营业务收入减去主营业务成本及主营业务税金及附加后的差额。

由于主营业务税金及附加通常通过主营业务收入计算得出,汇率波动影响主营业务税金及附加主要通过影响主营业务收入来实现,即汇率波动对主营业务收入和主营业务税金及附加的影响是一致的。因此,在分析汇率波动对跨国企业主营业务利润时剔除主营业务税金及附加不会影响分析结果。

## 三、跨国经营企业经营业绩的评价模型选择

为分析汇率波动对跨国经营企业主营业务利润的影响,需建立汇率与跨国经营企业主营业务利润的模型。

在相关文献研究部分已经提到,目前研究汇率波动对跨国经营企业利润的相关模型很少,主要有 Yakov Amihud(1994)建立了一个计量经济学模型来验证美元兑换外币汇率的变化对出口企业的价值有负相关关系;陈舜(1995)提供了一个一元线性计量经济学方程来分析汇率变动对某项资产、债务或收入的实际价值的影响;陈占强(1998)则建立了一个汇率与进出口企业利润的关系模型。

根据本书研究需要,在此借用陈占强在《汇率和公司利润》一文中建立的有关模型。为讨论方便,本书仅考虑企业生产单一产品的情形。对跨国经营企业而言有:

$$Q = T_R - T_C \tag{1}$$

式中，$Q$ 为主营业务利润，$T_R$ 为主营业务收入，$T_C$ 为主营业务成本。对国内经营企业而言，主营业务收入是单位价格与销量之积，主营业务成本是单位成本与产量之积。但对跨国经营企业而言，由于既有出口业务，又有进口业务，考虑到汇率影响，其主营业务收入与主营业务成本可以表示为：

$$T_R = \sum_{j=0}^{n} \pi_j p_j q_j \tag{2}$$

$$T_C = \sum_{j=0}^{n} \pi_j c_j q_j \tag{3}$$

式中，$\pi_j$ 为汇率（直接标价法），$p_j$ 为 j 国的产品售价，$q_j$ 为 j 国的产品销量（假定产量等于销量），$c_j$ 为产品边际成本。

由于跨国经营企业首先是进出口企业，现假设纯进、出口型企业的利润与汇率之间存在如下函数关系：

$$Q_m = B\pi^{E_m} \tag{4}$$

$$Q_x = A\pi^{E_x} \tag{5}$$

$Q_m$、$Q_x$ 分别为纯进、出口企业的利润，$\pi$ 为汇率水平，$E_m$、$E_x$ 分别为进口需求弹性和出口需求弹性，A、B 为待定常数。为了利用统计上的回归分析技术来测算，将公式（4）和公式（5）的两边取对数，得：

$$\ln Q_m = \ln B + E_m \ln \pi \tag{6}$$

$$\ln Q_x = \ln A + E_x \ln \pi \tag{7}$$

若分别就进、出口型企业在一定时间区间内采集 $Q_m$、$Q_x$ 和 $\pi$ 的足够的历史数据，再利用回归分析技术便可测算出 $E_m$、$E_x$ 的值，从而判断出企业利润对汇率的弹性。

# 第三节 汇率波动对跨国经营企业
经营业绩影响的实证分析

## 一、样本选择

随着我国电子信息产业的发展,电子产品逐渐成为我国第一大进出口产品,在我国对外贸易进出口中所占比重逐年提高。2005 年,我国计算机与通信技术和电子技术等高技术产品进出口贸易额分别为 1977.1 亿美元和 2182.5 亿美元,占外贸进口总额与出口总额的比重分别为 30.0% 和 28.6%;2006 年,我国计算机与通信技术和电子技术等高技术产品进出口贸易额分别为 2473.0 亿美元和 2814.5 亿美元,占全部商品进口额和出口额的比重分别达到 31.2% 和 29.0%。因此,本书将选取电子信息行业中出口业务比重较大且上市的 10 家跨国经营企业为样本。

同时,鉴于浙江省是国内主要的贸易大省之一,其 2006 年、2007 年的机电及高新技术产品出口额为 525.6 亿美元、657.7 亿美元,分别占当年度该省出口总额的 52.1% 和 51.3%,因此,为了进一步验证汇率波动对跨国经营企业经营业绩的影响情况,本书还将选取浙江省电子信息行业中出口业务比重较大且上市的 7 家跨国经营企业为样本。

考虑到我国证券市场起步较晚,在 1993 年以后才逐步发展,而跨国经营企业数据基本上是在上市后通过年报公布,因此,本次分析选用中国电子信息产业百强企业中上市时间较早且具有代表性的 10 家企业作为研究样本:深康佳、青岛海尔、方正科技、四川长虹、美菱电器、美的电器、厦华电子、春兰股份、海信电器、中兴通讯;同时选用浙江省电子信息类企业中上市时间较早并具有代表性的 7 家上市公司作为样本企业:东方通信、浙大网新、数源科技、波导股份、信雅达、士兰微、恒生电子。这 17 家企业都有进出口业务,且在营业收入中出口值所占比例高于 10%。

对于上述 17 家样本企业,本次分析将分别建立汇率和样本跨国经营企业主营业务利润之间的计量经济学方程,并运用回归分析技术分别做当期、滞后一期至三期或四期的测算,利用测算结果来判定跨国经营企业利润对汇率的弹性,以便分析汇率波动对跨国经营企业利润是否有影响,以及这种影响是否是滞后的。

## 二、汇率波动对电子信息产业跨国经营企业经营业绩影响的实证分析

在进行实证分析前,先假设样本企业对外经营业务以美元结算(事实上我国很多企业实际情况也确实如此),汇率数据选用国家外汇管理局公布的 1993 年以来的一组年均汇率时间序列,而选中的样本企业主营业务利润则选用各企业各年公布的年报数据,见表 3-1。

从表 3-1 可以看出,人民币汇率在 1994 年贬值 50% 左右,从 1995 年开始就一直保持稳中趋升的势头,2005 年 7 月 21 日的汇改使人民币出现较大幅度的升值。而样本企业中,深康佳和四川长虹的主营业务利润在 2000 年前后有较明显的大起大落,因为那几年彩电市场竞争激烈,面临几次降价,以彩电为主营业务的这两家企业不可避免受到影响,其余 7 家企业的主营业务利润总体上呈现逐年上升趋势。

表 3-1　各年平均汇率及 10 家样本企业各年份主营业务利润

| 年份 | 汇率 P | 深康佳 Q1 | 青岛海尔 Q2 | 方正科技 Q3 | 四川长虹 Q4 | 美菱电器 Q5 | 美的电器 Q6 | 厦华电子 Q7 | 春兰股份 Q8 | 海信电器 Q9 | 中兴通讯 Q10 |
|---|---|---|---|---|---|---|---|---|---|---|---|
| 1993 | 576.19 | 21859.38 | 8252.63 | 142.83 | 49428.04 | 10255.43 | 11865.11 | 8069.04 | — | — | — |
| 1994 | 861.87 | 26606.82 | 11227.71 | 173.50 | 82859.56 | 12834.52 | 16004.16 | 2302.87 | 22361.3 | 10749.39 | 8081.51 |
| 1995 | 835.07 | 23272.93 | 13378.97 | 667.78 | 134598.36 | 12866.87 | 9538.3 | 3680.47 | 23673.5 | 9026.28 | 6836.14 |
| 1996 | 831.42 | 37141.72 | 19834.35 | 150.24 | 192900.79 | 15933.15 | 9151.72 | 3954.16 | 25315 | 8407.98 | 19091.44 |
| 1997 | 828.98 | 37173.99 | 27260.47 | 164.41 | 305819.8 | 8728.18 | 9845.03 | 5169.78 | 25990.8 | 15662.62 | 12495.06 |
| 1998 | 827.91 | 162109.27 | 71844.17 | 4989.46 | 316133.71 | 24060.28 | 70589.97 | 24970.88 | 48111.2 | 32507.11 | 104148.46 |
| 1999 | 827.83 | 187490.54 | 81903.54 | 20294.80 | 157154.07 | 23598.65 | 110338.4 | 37410.68 | 51085.7 | 39183.12 | 125025.11 |
| 2000 | 827.84 | 148509.15 | 86993.34 | 36223.23 | 154798.72 | 19760.95 | 185548.2 | 22446.67 | 49928.7 | 41071.04 | 175847.12 |
| 2001 | 827.7 | 56641.48 | 190371.9 | 35941.36 | 113559.53 | 18563.14 | 250173.7 | 19464.75 | 41291 | 43243.09 | 358029.36 |
| 2002 | 827.7 | 121786.11 | 148851.5 | 44505.09 | 18484.45 | 27429.89 | 275825.1 | 34480.5 | 36431.8 | 76552.00 | 394605.51 |
| 2003 | 827.7 | 188189.59 | 169858 | 41142.13 | 204359.32 | 23058.89 | 303017.6 | 37474.08 | 59640.7 | 85797.86 | 589172.93 |
| 2004 | 827.68 | 196940.22 | 200670.2 | 49161.40 | 163372.03 | 28677.41 | 356452 | 46474.73 | 54077.2 | 105449.21 | 823813.50 |
| 2005 | 819.49 | 188346.32 | 191442.75 | 53797.68 | 240924.54 | 34424.90 | 392941.93 | 68796.70 | 51474.38 | 161639.11 | 752546.30 |

* 表中，P 为每 100 美元兑人民币的汇率；Q 为各上市公司各年度主营业务利润，单位为千元人民币

表 3-2　各年汇率及 10 家样本企业主营业务利润对数

| 汇率 lnP | 深康佳 lnQ1 | 青岛海尔 lnQ2 | 方正科技 lnQ3 | 四川长虹 lnQ4 | 美菱电器 lnQ5 | 美的电器 lnQ6 | 厦华电子 lnQ7 | 春兰股份 lnQ8 | 海信电器 lnQ9 | 中兴通讯 lnQ10 |
|---|---|---|---|---|---|---|---|---|---|---|
| 6.356 | 9.99238540 | 9.01828722 | 4.96165511 | 10.80827315 | 9.23556260 | 9.38135744 | 8.99578980 | — | — | — |
| 6.759 | 10.18892285 | 9.32614011 | 5.15617760 | 11.32490241 | 9.45989369 | 9.68060397 | 7.74191145 | 10.01508707 | 9.28260429 | 8.99733402 |
| 6.728 | 10.05504616 | 9.50143935 | 6.50395878 | 11.81005051 | 9.46241107 | 9.16307055 | 8.21079574 | 10.07211156 | 9.10789560 | 8.82997852 |
| 6.723 | 10.52249615 | 9.89517056 | 5.01223402 | 12.16993129 | 9.67615712 | 9.12169712 | 8.28252347 | 10.13915238 | 9.03693653 | 9.85699535 |
| 6.720' | 10.52336460 | 10.21319295 | 5.10236331 | 12.63075132 | 9.07431215 | 9.19472204 | 8.55058541 | 10.16549791 | 9.65903226 | 9.43308865 |
| 6.719 | 11.99602589 | 11.18225475 | 8.51508297 | 12.66392054 | 10.08831763 | 11.16464335 | 10.12546562 | 10.78127028 | 10.38921411 | 11.55357266 |
| 6.719 | 12.14148367 | 11.31329749 | 9.91811997 | 11.96498194 | 10.06894479 | 11.61130729 | 10.52971150 | 10.84125989 | 10.57600132 | 11.73626988 |
| 6.719 | 11.90840185 | 11.37358684 | 10.49745590 | 11.94988097 | 9.89146305 | 12.13106997 | 10.01889755 | 10.81835127 | 10.62305853 | 12.07737026 |
| 6.719 | 10.94449686 | 12.15673481 | 10.48964400 | 11.64008247 | 9.82893317 | 12.42991076 | 9.87636042 | 10.62839984 | 10.67459273 | 12.78837027 |
| 6.719 | 11.71002159 | 11.91070444 | 10.70335884 | 9.82468512 | 10.21938857 | 12.52752225 | 10.44814923 | 10.50319730 | 11.24572553 | 12.88564184 |
| 6.719 | 12.14520519 | 12.04271807 | 10.62478794 | 12.22763510 | 10.04580666 | 12.62154617 | 10.53140477 | 10.99609351 | 11.35974934 | 13.28647502 |
| 6.719 | 12.19065551 | 12.20941804 | 10.80286404 | 12.00378527 | 10.26386498 | 12.78395487 | 10.74666400 | 10.89816793 | 11.56598469 | 13.62412424 |
| 6.709 | 12.14603767 | 12.16234409 | 10.89298562 | 12.39223905 | 10.44653542 | 12.88141712 | 11.13891106 | 10.84883949 | 11.99312141 | 13.53121780 |

以下是对汇率和主营业务利润进行当期及滞后四期的相关性进行分析。为了让数据间的相关关系表现得更加明显,先对汇率和主营业务利润分别取对数,见表 3-2。

**(一)当期 lnP 与同期 lnQ 相关分析**

当期 lnP 与同期 lnQ 相关分析见表 3-3,t 统计量的值显著性概率(外侧概率)$P < 0.05$ 的有三家公司,即相关系数显著异于 0 的有三家公司,表明当期汇率对同期主营业务利润有一定影响,但不明显。

表 3-3　当期 lnP 与同期 lnQ 相关分析

| lnP | | lnQ1 | lnQ2 | lnQ3 | lnQ4 | lnQ5 | lnQ6 | lnQ7 | lnQ8 | lnQ9 | lnQ10 |
|---|---|---|---|---|---|---|---|---|---|---|---|
| | Pearson Correlation | 0.356 | 0.411 | 0.329 | 0.352 | 0.366 | 0.274 | 0.086 | −0.641 | −0.611 | −0.645 |
| | Sig. (2—tailed) | 0.232 | 0.163 | 0.272 | 0.238 | 0.219 | 0.366 | 0.781 | 0.025 | 0.035 | 0.024 |
| | N | 13 | 13 | 13 | 13 | 13 | 13 | 13 | 12 | 12 | 12 |

**(二)当期 lnP 与滞后一期 lnQ 相关分析**

当期 lnP 与滞后一期 lnQ 相关分析见表 3-4,t 统计量的值显著性概率(外侧概率)$P < 0.05$ 的没有,即相关系数显著异于 0 的一家也没有,表明当期汇率对滞后一期主营业务利润几乎没有影响。

表 3-4　当期 lnP 与滞后一期 lnQ 相关分析

| lnP | | lnQ1 | lnQ2 | lnQ3 | lnQ4 | lnQ5 | lnQ6 | lnQ7 | lnQ8 | lnQ9 | lnQ10 |
|---|---|---|---|---|---|---|---|---|---|---|---|
| | Pearson Correlation | 0.365 | 0.442 | 0.389 | 0.233 | 0.278 | 0.255 | 0.461 | 0.403 | 0.303 | 0.372 |
| | Sig. (2—tailed) | 0.244 | 0.150 | 0.211 | 0.466 | 0.382 | 0.423 | 0.132 | 0.194 | 0.338 | 0.234 |
| | N | 12 | 12 | 12 | 12 | 12 | 12 | 12 | 12 | 12 | 12 |

### (三)当期 lnP 与滞后二期 lnQ 相关分析

当期 lnP 与滞后二期 lnQ 相关分析见表 3-5,t 统计量的值显著性概率(外侧概率)$P<0.05$ 的没有,即相关系数显著异于 0 的一家也没有,表明当期汇率对滞后二期主营业务利润几乎没有影响。

表 3-5　当期 lnP 与滞后二期 lnQ 相关分析

| | | lnQ1 | lnQ2 | lnQ3 | lnQ4 | lnQ5 | lnQ6 | lnQ7 | lnQ8 | lnQ9 | lnQ10 |
|---|---|---|---|---|---|---|---|---|---|---|---|
| lnP | Pearson Correlation | 0.526 | 0.526 | 0.271 | 0.074 | 0.337 | 0.411 | 0.455 | 0.459 | 0.422 | 0.510 |
| | Sig. (2-tailed) | 0.096 | 0.097 | 0.420 | 0.829 | 0.310 | 0.209 | 0.160 | 0.156 | 0.196 | 0.109 |
| | N | 11 | 11 | 11 | 11 | 11 | 11 | 11 | 11 | 11 | 11 |

### (四)当期 lnP 与滞后三期 lnQ 相关分析

当期 lnP 与滞后三期 lnQ 相关分析见表 3-6,t 统计量的值显著性概率(外侧概率)$P<0.05$ 的没有,即相关系数显著异于 0 的一家也没有,表明当期汇率对滞后三期主营业务利润几乎没有影响。

表 3-6　当期 lnP 与滞后三期 lnQ 相关分析

| | | lnQ1 | lnQ2 | lnQ3 | lnQ4 | lnQ5 | lnQ6 | lnQ7 | lnQ8 | lnQ9 | lnQ10 |
|---|---|---|---|---|---|---|---|---|---|---|---|
| lnP | Pearson Correlation | 0.497 | 0.582 | 0.560 | -0.055 | 0.170 | 0.544 | 0.589 | 0.539 | 0.598 | 0.446 |
| | Sig. (2-tailed) | 0.144 | 0.077 | 0.092 | 0.880 | 0.639 | 0.104 | 0.073 | 0.108 | 0.068 | 0.196 |
| | N | 10 | 10 | 10 | 10 | 10 | 10 | 10 | 10 | 10 | 10 |

### (五)当期 lnP 与滞后四期 lnQ 相关分析

当期 lnP 与滞后四期 lnQ 相关分析见表 3-7,除了四川长虹、海信电器,其余 8 家企业的 t 统计量的值显著性概率(外侧概率)$P<0.05$,即有八家企业的当期汇率与滞后四期主营业务利润的相关系数显著异于 0,表明当期汇率对滞后四期主营业务利润有比较大的影响。

表 3-7　当期 lnP 与滞后一期 lnQ 相关分析

| | | lnQ1 | lnQ2 | lnQ3 | lnQ4 | lnQ5 | lnQ6 | lnQ7 | lnQ8 | lnQ9 | lnQ10 |
|---|---|---|---|---|---|---|---|---|---|---|---|
| lnP | Pearson Correlation | 0.765 | 0.744 | 0.876 | −0.268 | 0.867 | 0.828 | 0.827 | 0.815 | 0.606 | 0.773 |
| | Sig. (2−tailed) | 0.016 | 0.021 | 0.002 | 0.485 | 0.002 | 0.006 | 0.006 | 0.007 | 0.084 | 0.015 |
| | N | 9 | 9 | 9 | 9 | 9 | 9 | 9 | 9 | 9 | 9 |

从以上分析结果可以看出,当期汇率对同期和滞后四期的主营业务利润有着比较明显的影响。

## 三、汇率波动对浙江省电子信息类跨国经营企业经营业绩影响的实证分析

本次分析选用的浙江省电子信息类 7 家上市公司的基本概况如表 3-8 所示。

表 3-8　7 家样本企业基本概况　　　　(单位:万元)

| 序号 | 公司名称及代码 | 上市时间 | 注册资本 | 行业种类 |
|---|---|---|---|---|
| 1 | 东方通信(600776) | 1996−11−26 | 125600 | 通信及相关设备制造业 |
| 2 | 浙大网新(600797) | 1997−04−18 | 81304 | 计算机应用服务业 |
| 3 | 数源科技(000909) | 1999−05−07 | 19600 | 通信及相关设备制造业 |
| 4 | 波导股份(600130) | 2000−07−06 | 76800 | 通信及相关设备制造业 |
| 5 | 信雅达(600571) | 2002−11−01 | 19455 | 计算机应用服务业 |
| 6 | 士兰微(600460) | 2003−03−11 | 40408 | 电子元器件制造业 |
| 7 | 恒生电子(600570) | 2003−12−16 | 29702 | 计算机应用服务业 |

　　如前所述,在进行实证分析前,还是先假设样本企业对外经营业务以美元结算(事实上我国很多企业实际情况也确实如此),汇率数据选用国家外汇管理局公布的2003年以来的一组年末汇率时间序列,而选中的样本企业主营业务利润则选用各企业各年公布的年报数据,见表3-9。

表3-9　各年汇率及7家样本企业各年主营业务利润

(单位:万元)

| 年份 | 汇率 | 东方通信 | 浙大网新 | 数源科技 | 波导股份 | 信雅达 | 士兰微 | 恒生电子 |
|---|---|---|---|---|---|---|---|---|
| T | P | Q1 | Q2 | Q3 | Q4 | Q5 | Q6 | Q7 |
| 2003 | 827.67 | 21570.08 | 29827.34 | 7359.37 | 182909.25 | 8248.52 | 8680.05 | 12470.24 |
| 2004 | 827.65 | 55848.08 | 37117.84 | 8021.35 | 156321.07 | 11850.38 | 11759.22 | 12085.22 |
| 2005 | 807.02 | 14774.89 | 51320.50 | 12837.27 | 67614.63 | 14362.82 | 14013.50 | 11865.27 |
| 2006 | 780.87 | 32140.34 | 49398.96 | 13868.02 | 70377.70 | 14582.77 | 20521.62 | 15907.66 |
| 2007 | 730.46 | 22848.04 | 59191.90 | 10562.24 | 7254.27 | 16964.45 | 19761.05 | 31204.11 |

　　从表3-9可以看出,人民币汇率在2005年7月21日的汇改之后出现较大幅度的持续性升值。而样本企业中,除东方通信和波导股份两家公司的主营业务利润分别在2004年和2007年出现剧减外[1],其余5家企业的主营业务利润总体上呈现稳

---

　　① 东方通信在2005年将光传输业务相关技术与资产分别转让给以色列ECI公司和杭州依赛通信有限公司,不再纳入合并报表范围,导致该年度传输设备收入比上年下降59.64%,主营业务利润急剧下降;波导股份的主营业务利润在2007年出现大规模缩水,是由于手机市场竞争激烈,受国外品牌手机和国内手机新品的冲击和影响,公司该年度手机销量和销售价格以及毛利率出现较大幅度下降,手机及配件的销售收入减少了898293374.5元。

中略升态势。

以下是运用 SPSS 软件对汇率和主营业务利润进行当期及滞后三期的相关性进行分析。为了让数据间的相关关系表现得更加明显，先对汇率和主营业务利润分别取对数，如表 3-10 所示。

表 3-10　各年汇率及 7 家样本企业主营业务利润对数

| 汇率 | 东方通信 | 浙大网新 | 数源科技 | 波导股份 | 信雅达 | 士兰微 | 恒生电子 |
|---|---|---|---|---|---|---|---|
| $\ln P$ | $\ln Q1$ | $\ln Q2$ | $\ln Q3$ | $\ln Q4$ | $\ln Q5$ | $\ln Q6$ | $\ln Q7$ |
| 6.71862 | 9.97906 | 10.30318 | 8.90373 | 12.11675 | 9.01779 | 9.06878 | 9.43110 |
| 6.71859 | 10.93039 | 10.52185 | 8.98986 | 11.95967 | 9.38012 | 9.37239 | 9.39974 |
| 6.69335 | 9.60068 | 10.84585 | 9.46011 | 11.12158 | 9.57240 | 9.54778 | 9.38137 |
| 6.66041 | 10.37787 | 10.80768 | 9.53734 | 11.16163 | 9.58760 | 9.92923 | 9.67456 |
| 6.59367 | 10.03662 | 10.98854 | 9.26504 | 8.88935 | 9.73888 | 9.89147 | 10.34831 |

## （一）当期 $\ln P$ 与同期 $\ln Q$ 的相关性分析

当期 $\ln P$ 与当期 $\ln Q$ 的相关性分析见表 3-11，t 统计量的值显著性概率（外侧概率）$P < 0.05$ 的有两家，即相关系数显著异于 0 的有 2 家（波导股份、恒生电子），表明当期汇率对同期主营业务有影响，但是影响不明显。

表 3-11　当期 $\ln P$ 与同期 $\ln Q$ 的相关分析

| | | $\ln Q1$ | $\ln Q2$ | $\ln Q3$ | $\ln Q4$ | $\ln Q5$ | $\ln Q6$ | $\ln Q7$ |
|---|---|---|---|---|---|---|---|---|
| $\ln P$ | Pearson Correlation | 0.211 | −0.820 | −0.475 | 0.969 （＊＊） | −0.778 | −0.822 | −0.963 （＊＊） |
| | Sig. (2−tailed) | 0.734 | 0.089 | 0.418 | 0.006 | 0.121 | 0.088 | 0.009 |
| | N | 5 | 5 | 5 | 5 | 5 | 5 | 5 |

＊ Correlation is significant at the 0.05 level (2−tailed)

＊＊ Correlation is significant at the 0.01 level (2−tailed)

**（二）当期 ln$P$ 与滞后一期 ln$Q$ 的相关性分析**

当期 ln$P$ 与滞后一期 ln$Q$ 的相关分析见表 3-12，t 统计量的值显著性概率（外侧概率）$P<0.05$ 的有一家，即相关系数显著异于 0 的有 1 家（士兰微），表明当期汇率对滞后一期的主营业务利润的影响相当有限。

表 3-12　当期 ln$P$ 与滞后一期 ln$Q$ 的相关分析

|  |  | ln$Q1$ | ln$Q3$ | ln$Q2$ | ln$Q4$ | ln$Q5$ | ln$Q6$ | ln$Q7$ |
|---|---|---|---|---|---|---|---|---|
| ln$P$ | Pearson Correlation | −0.013 | −0.904 | −0.824 | 0.843 | −0.817 | −0.986（＊） | −0.823 |
|  | Sig.（2−tailed） | 0.987 | 0.096 | 0.176 | 0.157 | 0.183 | 0.014 | 0.177 |
|  | N | 4 | 4 | 4 | 4 | 4 | 4 | 4 |

＊ Correlation is significant at the 0.05 level（2−tailed）

**（三）当期 ln$P$ 与滞后二期 ln$Q$ 的相关性分析**

当期 ln$P$ 与滞后二期 ln$Q$ 的相关分析见表 3-13，t 统计量的值显著性概率（外侧概率）$P<0.05$ 的为 0 家，即没有任何一家公司的相关系数显著异于 0，这表明当期汇率对滞后二期的主营业务利润没有明显影响。

表 3-13　当期 ln$P$ 与滞后两期 ln$Q$ 的相关分析

|  |  | ln$Q1$ | ln$Q2$ | ln$Q3$ | ln$Q4$ | ln$Q5$ | ln$Q6$ | ln$Q7$ |
|---|---|---|---|---|---|---|---|---|
| ln$P$ | Pearson Correlation | 0.456 | −0.997 | −0.983 | 0.983 | −0.933 | −0.941 | 0.942 |
|  | Sig.（2−tailed） | 0.699 | 0.052 | 0.118 | 0.116 | 0.235 | 0.221 | 0.218 |
|  | N | 3 | 3 | 3 | 3 | 3 | 3 | 3 |

**（四）当期 ln$P$ 与滞后三期 ln$Q$ 的相关性分析**

当期 ln$P$ 与滞后三期 ln$Q$ 的相关分析见表 3-14，所有公司的 t 统计量的值显著性概率(外侧概率)$P$ 都小于 $0.01$,表明 7 家公司 $\ln P$ 与 $\ln Q$ 的相关系数都显著异于 0,说明当期汇率对滞后三期的主营业务利润存在显著影响。

**表 3-14　当期 $\ln P$ 与滞后三期 $\ln Q$ 的相关分析**

| | | lnQ1 | lnQ2 | lnQ3 | lnQ4 | lnQ5 | lnQ6 | lnQ7 |
|---|---|---|---|---|---|---|---|---|
| $\ln P$ | Pearson Correlation | −1.000 (＊＊) | −1.000 (＊＊) | −1.000 (＊＊) | −1.000 (＊＊) | −1.000 (＊＊) | −1.000 (＊＊) | 1.000 (＊＊) |
| | Sig. (2−tailed) | 0.000 | 0.000 | 0.000 | 0.000 | 0.000 | 0.000 | 0.000 |
| | N | 2 | 2 | 2 | 2 | 2 | 2 | 2 |

＊＊ Correlation is significant at the 0.01 level(2−tailed)

　从以上分析结果可以看出,当期汇率除对滞后二期无明显影响外,对同期、滞后一期和滞后三期都有影响,尤其是对滞后三期主营业务利润的影响非常显著。

# 第四节　实证结果分析

　　对电子信息产业 10 家跨国经营企业经营业绩影响的实证分析结果是,当期汇率变动对同期跨国经营企业利润有一定影响,在所有样本中有 $30\%$ 的企业显示其相关系数显著异于 0;但当期汇率波动对滞后一期至三期跨国经营企业利润几乎没有影响,在所有样本中,相关系数显著异于 0 的一家也没有;当期汇率波动对滞后四期跨国经营企业利润有较大影响,在所有样本中有 $80\%$ 的企业显示其相关系数显著异于 0。说明跨国经营企业利润的变动有一部分是由于前三年的汇率变动所致,呈现出较明显的"J 曲线效应"现象。

　　对浙江省电子信息类 7 家跨国经营企业经营业绩影响的实

证分析结果是,当期汇率变动对同期跨国经营企业利润有一定影响,在所有样本中有近 30％的企业显示其相关系数显著异于0;但当期汇率波动对滞后二期跨国经营企业利润无明显影响,在所有样本中,相关系数显著异于 0 的一家也没有;当期汇率波动对滞后三期跨国经营企业利润有显著影响,所有样本企业都显示其相关系数显著异于 0。说明前二年的汇率变动是导致跨国经营企业利润变动的主要原因之一,也呈现出较明显的"J 曲线效应"现象。

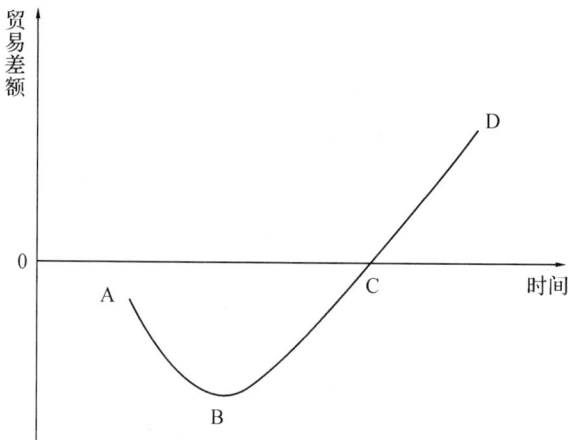

**图 3-1　汇率波动的 J 曲线效应**

所谓"J 曲线效应"现象,是指汇率波动对贸易差额产生的影响必须经过一段时间调整后才能逐渐显现出来。如图 3-1 所示,受认识时滞、决策时滞、生产时滞和取代时滞等因素影响,汇率变动初期,原来签订的贸易合同必须继续执行,贸易差额并不一定就能得到快速改善,有可能呈现进一步恶化现象,如 AB 阶段;随着时间推移,签订新的贸易合同或对原有贸易合同进行修订和调整,从而改善贸易差额,如 BC 阶段;经过一段时间的调整,贸易差额进一步好转,呈现 CD 阶段。

出现这样的实证结果,笔者认为主要由于以下三方面的原因:

其一,我国 1994 年 1 月 1 日起实行人民币汇率并轨,并轨后的人民币汇率钉住美元不变,人民币兑美元汇率保持稳中微升的态势,特别是 1995 年以后汇率十分稳定。在这种汇率波动很小的情况下,可以想像汇率波动对跨国经营企业利润的影响也就相应很小了。但 2005 年 7 月 21 日起我国开始实行以市场供求为基础、参考一篮子货币为调节、有管理的浮动汇率制度后,人民币汇率开始走向市场,意味着人民币汇率变动的频率和幅度将逐渐加大,汇率波动对跨国经营企业经营业绩的影响存在着逐渐增强和显著的趋势。

其二,样本选择上,由于中国证券市场本身起步晚,历史数据欠缺和不完善,以及相应企业上市数量少且上市时间晚,使得样本范围较小、截取的时限较短,也许不能完全代表所有跨国经营企业的情况,但确实反映了局部存在的现实,某种程度上印证了汇率波动对跨国经营企业经营业绩存在着一定影响。

其三,由于 2005 年汇改之前,人民币汇率基本稳定,跨国经营企业对外贸易又以美元居多,因此,在一定程度上企业认为以美元结算基本上不存在汇率风险,这就造成跨国经营企业通常忽视汇率波动对企业经营业绩的影响,很少主动采取一定的汇率风险管理工具管理汇率风险。由此,汇率波动才有可能对企业后三年的经营业绩产生显著影响,呈现典型的"J 曲线效应"。

综上所述,如何选择一个既能综合反映跨国经营企业经营业绩的指标,又能建立其和汇率之间关系的模型是一个难题。限于研究能力,笔者分析时选取了受汇率波动影响最直接的、易量化的主营业务利润作为经营业绩指标,但主营业务利润不能综合反映跨国经营企业经营业绩。

同时,由于在收集我国跨国经营企业经营业绩数据方面有些难度,只能选取在我国公开上市的且进出口业务在全部收入中占有一定比例的部分电子信息类跨国经营企业作为样本,样本数量较少且时间不长,未能获取样本企业全部的进出口数据,给全面分析其经营业绩受汇率波动的影响带来一定难度。本书只是在这方面作些有益探索,以期抛砖引玉。

# 第四章　基础金融工具对汇率风险的管理

　　跨国经营企业的汇率风险管理是指对外汇市场可能出现的变化作出相应的对策,以避免汇率变动可能造成的损失。通常,对于不同类型的汇率风险,可以采取不同的管理方法。

## 第一节　管理汇率风险的一般方法

### 一、交易风险的管理

对于交易风险,可供选择采用的管理方法有以下三类。

**(一)货币保值措施**

货币保值措施,具体包括选择合适的合同货币、加列货币保值条款、调整价格或利率等。

1.选择合适的合同货币

跨国经营企业在对外贸易或货币借贷等经济交易中,选择何种货币作为合同商定的计价结算货币或计值清偿货币,将直接关系到是否承担汇率风险。因此,在选择合同货币时应遵循以下两个基本原则:

(1)争取使用本国货币作为合同货币,其实质是将汇率风险转嫁由交易对手承受;

（2）出口、借贷资本输出争取使用硬货币即汇率呈现升值趋势的货币,进口、借贷输入资本争取使用软货币即汇率呈现贬值趋势的货币。

2.在合同中加列货币保值条款

通常选择"一篮子货币"加列货币保值条款,即在签订合同时,敲定所选"篮子"中的各种货币与合同货币之间的汇率,并确定各种所选货币的权重,到结算或清偿时,根据当时汇率波动幅度及其权重对需收付的合同货币进行调整,通过篮子内各种货币涨跌抵冲以减小汇率波动导致的风险损失。

3.调整价格或利率

出口商或债权人在收取款项时应争取使用硬货币,但当签订合同时已确定只能使用软货币时,可在合同中提出适当提高以软货币计价结算的出口价格或以软货币计值清偿的贷款利率;进口商或债务人在支付款项时应争取使用软货币,但当签订合同时已确定只能使用硬货币时,可在合同提出适当降低以硬货币计价结算的进口价格或以硬货币计值清偿的借款利率。通过上述对价格或利率的调整,可适当减轻汇率风险。

**（二）金融市场操作**

交易合同签订后,为消除汇率风险,跨国经营企业可以利用外汇市场、货币市场、资本市场以及金融衍生市场等各类金融市场的交易活动来进行规避和防范。具体方法有:现汇交易、期汇交易、期货交易、期权交易和互换交易等。

1.现汇交易

指利用即期外汇市场进行平衡性外汇买卖。跨国经营企业根据贸易合同,不可避免地会持有各种外币现汇头寸的多头或空头,从而承担汇率变动的风险。若想消除这些多头或空头,可以在即期外汇市场上进行现汇交易,如抛出多头、补进空头等。

2.期汇交易

指利用远期外汇市场进行平衡性外汇买卖。跨国经营企业根据贸易合同,也会持有各种外币期汇头寸的多头或空头,从而承担远期汇率变动的风险。若想消除这些远期的多头或空头,可以在远期外汇市场上进行期汇交易,如一般远期交易、择期交易、套利交易、套期(调期或掉期)交易等。

3.期货交易

指利用外汇期货市场针对应收或应付外汇账款的金额和时间,做一笔相对应的外汇期货交易,锁定本币兑换外汇的成本,以消减相应的外汇风险。当跨国经营企业预期应付外汇升值时,可以在外汇期货市场对该笔应付外汇做一笔币种、时间和金额都相对应的买入对冲期货交易以规避汇率风险;相反,当跨国经营企业预期应收外汇贬值时,也可以在外汇期货市场对该笔应收外汇做一笔币种、时间、金额都相对应的卖出对冲期货交易以规避汇率风险。

4.期权交易

指利用外汇期权市场针对应收或应付外汇账款的金额和时间,做一笔相对应的外汇期权交易,通过支付一定金额的期权费来获得未来约定时间决定执行或放弃按约买卖的权利,以管理外汇风险。针对应收或应付外汇账款,跨国经营企业可以选择做买方看涨或买方看跌交易,届时则根据市场汇率与协议汇率的比较,决定执行或者放弃按约买卖,以规避汇率波动带来的损失、获取汇率波动带来的收益。运用外汇期权交易既可以进行汇率风险管理,又可以在汇率波动时受益,但操作时需十分关注期权费用这笔成本。

5.互换交易

指利用外汇互换市场针对应收或应付外汇账款的金额和时间,做一笔相对应的货币互换交易,以管理外汇风险。互换交易可在两个对远期货币需求不同的跨国经营企业之间进行,双方互相交换期限相同、汇兑后币值相等但币种不同的应收或应付账款,以避免汇兑损益。

**(三)其他管理方法**

除上述两类较为常用的管理方法之外,还有一些可供灵活选择的方法,如提前或延期结汇、进出口贸易结合、BSI、LSI、福费廷、保付代理、货币风险保险等。

1. 提前或延期结汇

即跨国经营企业通过预测应收或应付账款货币的汇率变动趋势,提前或延期收付外币货款,以达到抵补外汇风险的目的。当预期应收账款货币的汇率将上升或应付账款货币的汇率将下跌时,可采取延期收付款方式进行结算;反之,当预期应收账款货币的汇率将下跌或应付账款货币的汇率将上升时,可采取提前收付款方式进行结算。

2. 进出口贸易结合

即通过对销贸易或进出口自动抛补等使进、出口贸易相结合的方式避免收付外汇,从而规避汇兑损益。对销贸易是指在互惠的前提下,由两个或两个以上的贸易方达成协议,规定一方的进口产品可以部分或者全部以相对的出口产品来支付,具体有清算协定贸易、易货贸易、补偿贸易、反购或互购、转手贸易等方式;自动抛补是指在进行出口贸易的同时又进行进口贸易,并尽量使用同种货币计价结算,设法调整收、付汇的时间,使进口外汇头寸轧抵出口外汇头寸,以实行外汇风险的自动抛补。

3. BSI

BSI 即借款－即期合同－投资(Borrow-Spot-Invest)。对于应收外汇账款,跨国经营企业可先借入与应收外汇账款相同金额的同种外币,将外汇风险的时间结构转移到当前的现汇日,以消除时间风险;然后,将借入的外币卖给银行以换取本币,以消除货币风险;最后,再通过即期合同将换得的本币存入银行或进行投资,以获得的银行利息或投资收益冲抵部分因采取上述系列防险措施而造成的各种费用支出。相反,对于应付外汇账款,跨国经营企业可先借入与应付外汇账款等额币值的本币,将外汇风险的时间结构转移到当前的现汇日,以消除时间风险;然后,将借入的本币卖给银行以换取付汇外币,以消除货币风险;最后,再通过即期合同将换得的外币存入银行或进行投资,以获得的银行利息或投资收益冲抵部分因采取上述系列防险措施而造成的各种费用支出。

4. LSI

LSI 即提前收付－即期合同－投资(Lead-Spot-Invest)。对于应收外汇款,跨国经营企业可先征得债务方同意,在给予其一定折扣的前提下请其提前于现汇日支付账款,一旦提前收讫,便消除了时间风险;尔后,即刻将收讫的外币卖给银行以换取本币,以消除货币风险;最后,再通过即期合同将换得的本币存入银行或进行投资,以获得的银行利息或投资收益冲抵部分因采取上述系列防险措施而造成的各种费用支出,如折扣等。

5. 福费廷(forfeiting)

这是一种中长期的、没有追索权的票据贴现业务。作为出口商的跨国经营企业可以通过福费廷业务,将应收外汇账款以票据形式无追索权地提前贴现给福费廷方,从而防范汇率波动风险。

6. 保付代理

又称国际保理业务,是指出口商以商业信用形式出口商品,在货物装船后立即将发票、汇票、提货单等有关单据卖断给承购应收账款的商业银行、财务公司或专门组织,收进全部或一部分货款,从而取得资金融通的业务。跨国经营企业通过保付代理业务,在获得资金融通的同时,一定程度上也规避了汇率风险。

7.货币风险保险

即跨国经营企业通过向保险机构交纳保险费,投保货币汇率风险,使汇率风险损失与风险收益都归保险公司所有,从而实现风险规避目的。

## 二、经营风险的管理

经营风险涉及到跨国经营企业的投入、产出、原材料供应以及销售区域等经营管理的各个环节。因此,对经营风险的管理比对交易风险的管理更加复杂,也更加困难,往往需要企业管理层的直接参与决策,并协调各个部门的具体执行与落实。

通常,跨国经营企业可采用经营活动多样化和财务活动多样化来进行经营风险管理。

### (一)经营活动多样化

经营活动多样化,具体包括产品多样化、销售渠道多样化、生产地点多样化和原材料来源多样化。即在世界范围内分散其销售渠道、生产地点以及原材料来源地。这样,跨国经营企业才能在汇率出现意外变化时,通过比较不同地区的生产、销售和原材料成本变化,趋利避害,迅速调整经营策略,在增加某些地区的生产或销售的同时,减少另一些地区的生产或销售,从而改善经营条件,分散汇率变动带来的风险损失。

### (二)财务活动多样化

财务活动多样化,包括筹资多样化和投资多样化。筹资多样化,即从多个金融市场、多种渠道、多种货币筹措资金;投资多样化,即向多个国家和地区以多种货币形式投放资金。这样,在汇率变动时,筹集的各类货币资金或者投放的各类货币资金,其币值有升有贬,互相抵消,有助于降低汇率风险。此外,多种货币计值的债务与债权之间也可以互相匹配,从而避免可能遭受的汇率风险。

## 三、折算风险的管理

折算风险其实是在对财务报表进行会计处理过程中形成的"净暴露资产"因汇率变化而发生的价值变化,因此,最简单的防范折算风险的方法就是要求所有在国外的分支机构都使用母国货币进行日常核算,使其受险资产和受险负债相等,"净暴露资产"为零,从而避免编制综合财务报表时的折算风险。但这样就会使各分支机构面临更多的交易风险,因为分支机构日常使用最多的是东道国货币,当使用母国货币作为核算货币时,不可避免地会时时承受交易风险。

对此,跨国经营企业更常用的风险管理方法是"资产负债表抵补保值",即公司合并资产负债表上每一种外币的资产总额与其负债总额相等,使"净暴露资产"为零。这样,不论汇率怎样变化,资产和负债的价值变化将相互抵消,使转换风险消失。但为实现资产负债表抵补保值,公司需要对处于不平衡状态的外币资产和负债进行调整,通过增、减暴露的外币资产数额或者减、增暴露的外币负债数额,使二者达到均衡,以规避汇率变动带来的折算风险。

在上述各种外汇风险管理中,不同种类的风险,其管理方法各不相同,有些方法之间可能还会发生冲突,从而加深了风险管理的难度。因此,跨国经营企业在进行汇率风险管理时,必须对具体情况进行认真分析和权衡,尽量使风险管理的综合成本最小。

# 第二节　现汇交易对汇率风险的管理

上一节重点分析了汇率风险的一般管理方法,本节和下一节则将侧重研究跨国经营企业如何合理利用外汇市场提供的各种基础金融工具及其交易活动来规避和防范汇率风险。

外汇交易是指外汇买卖的主体为了满足某种经济活动或其他活动的需要而进行的不同货币之间的兑换行为。依据其交割的时间不同,可分为现汇交易和期汇交易两大类。

现汇交易,又称即期交易,为买卖双方成交后于当天或两个工作日内办理交割的外汇交易活动,具体有限价交易和套汇交易两种类型。本节将具体分析跨国经营企业如何运用限价交易和套汇交易管理汇率风险。

## 一、限价交易对汇率风险的管理

限价交易是指外汇银行根据客户限定的价格在交易当天或两个工作日内帮助客户买卖某种指定外汇的交易活动。

对跨国经营企业而言,无论是进出口的收付汇还是债权债务的清偿,都会涉及两种或两种以上货币的汇兑问题。若采用市价交易,汇率随行就市,将面临一定的汇率风险。而采用限价交易,则可将汇率风险转嫁给受托银行,汇兑损益均由后者承担。

在限价交易中,作为客户的跨国经营企业,可以向受委托的外汇银行指定成交价格,即以指定价格或低于指定价格买入,或者以指定价格或高于指定价格卖出。同时,还可以设定止损价,即若市价突破了所设定的价位,就视做后期走势将对客户不利,为防止亏损或保障盈利,一旦达到此价位就要求受托银行平掉头寸。

举例说明:若有一家跨国经营企业 A 委托某外汇银行 B 用日元按 104.50 的汇价购买 100 万欧元以支付一笔货款。那么,在限定时间内,只要市场价到达 104.50 时,B 银行就可以帮 A 公司完成日元与欧元之间的买卖。A 公司因此规避了汇率不到或超过 104.50 价位所带来的汇兑损益,转嫁了汇率风险。

## 二、套汇交易对汇率风险的管理

套汇交易是指利用同一时刻不同外汇市场上的汇率差异,通过买进和卖出某种外汇以赚取汇兑收益的交易活动。其交易规则是"先卖后买、贵卖贱买"。

根据交易活动所涉及的外汇市场的多少不同,可分为直接套汇和间接套汇两种。

### (一)直接套汇

直接套汇,也称两地套汇,是指利用同一时刻两个外汇市场上的汇率差异买卖某种外汇以赚取汇兑收益的交易活动。

举例说明:若某一时刻伦敦市场的英镑/美元报价为 1 英镑=1.9750 美元,同一时刻纽约市场的英镑/美元报价为 1 英镑=1.9700 美元,则对纽约市场上一持有 197 万美元的商人 A 而言,根据套汇交易的基本原理,应该在纽约市场将这 197 万美元卖出、换取 100 万英镑,同时再从伦敦市场将换得的 100 万英镑卖出、换回美元 197.5 万。若不考虑交易过程中发生的各种税和费(通常为交易额的万分之几),则这笔套汇交易将为商人 A 带来 0.5 万美元的交易收益。

运用直接套汇这一交易工具的基本原理,针对同一时刻不同外汇市场汇率报价上的差异,跨国经营企业在进出口收付外汇货款或清偿外币债权债务时,可通过选择不同的外汇市场进行货币结算从而规避汇率风险。比如,在上述举例中,若 A 为纽约市场上的一家跨国经营企业,将收取货款或获得债款 100 万英镑并需换成美元进行使用,则建议 A 公司尽可能在伦敦市场进行货币交割和汇兑,以便换取更多的美元,获得汇兑收益。

**(二)间接套汇**

间接套汇,也称多地套汇,是指利用同一时刻三个或三个以上外汇市场的汇率差异,通过买卖某种外汇以赚取汇兑收益的交易活动。

举例说明:若某一时刻法兰克福市场的欧元/美元报价为 1 欧元＝1.5580 美元,同一时刻纽约市场的美元/日元报价为 1 美元＝108.90 日元、伦敦市场的欧元/日元报价为 1 欧元＝168.10 日元,则对纽约市场上一持有 100 万欧元的商人 A 而言,根据套汇交易的基本原理,应该在法兰克福市场按当地牌价将这 100 万欧元卖出、换取 155.8 万美元,然后再到纽约市场将换得的 155.8 万美元卖出、换得日元 16966.62 万,最后再在伦敦市场将换得的 16966.62 万日元按当地牌价换回欧元,可得100.93 万欧元。若不考虑交易过程中发生的各种税和费(通常为交易额的万分之几),则这笔套汇交易将为商人 A 带来 0.93万欧元的交易收益。

同上,运用间接套汇这一交易工具的基本原理,针对同一时刻不同外汇市场汇率报价上的差异,跨国经营企业在进出口收付外汇货款或清偿外币债权债务时,可通过选择不同的外汇市场进行货币结算从而规避汇率风险。比如,在上述举例中,若 A 为纽约市场上的一家跨国经营企业,将收取货款或获得债款 100 万欧元并需换成美元进行使用,则建议 A 公司尽可能在法兰克福市场进行货币交割和汇兑,由此可换得 155.8 万美元。否则,若取道伦敦市场换日元、再回纽约市场换取美元,则只能换得 154.4 万美元。倘若不考虑交易过程中发生的各种税和费,由于各地市场的汇率不等,两种不同的结算和汇兑方式将导致 1.4 万美元的交易损益。

相反,若另一时刻法兰克福市场的欧元/美元报价为 1 欧元＝1.5530 美元,同一时刻纽约市场的美元/日元报价为 1 美元＝108.10 日元、伦敦市场的欧元/日元报价为 1 欧元＝168.90 日元。由于汇率发生变化,此时对纽约市场上一将收取货款或获得债款 100 万欧元并需换成美元进行使用的跨国经营企业 A 而言,应借道伦敦市场先将欧元换成日元,得 16890 万日元,再回纽约市场将换得的日元换成美元,可得美元 156.24 万。否则,若直接在法兰克福市场换取美元,则只能得 155.3 万美元。两者相差了 0.94 万美元。

无论是两个外汇市场之间的直接套汇,还是多个外汇市场之间的间接套汇,其关键在于同一时刻不同外汇市场之间的汇率存在着差异。

目前,这种汇率报价差异随时随地都在发生和存在着。中国市场也不例外,以 2008 年 8 月 1 日(周五)为例,在上午 9：10—9：25这段时间内,国内 5 家大型商业银行对国外 7 种主要货币的报价存在着明显的差异,如表 4-1 和表 4-2 所示。

表 4-1 国内 3 家大型商业银行所报 7 种主要外币牌价

(单位:元)

| 货币币种 | 货币报价 | 中国银行 | 建设银行 | 交通银行 |
|---|---|---|---|---|
| 美元<br>(USD) | 现汇买入价 | 682.33 | 681.63 | 681.74 |
| | 现汇卖出价 | 685.07 | 684.37 | 684.46 |
| 欧元<br>(EUR) | 现汇买入价 | 1059.62 | 1059.01 | 1059.13 |
| | 现汇卖出价 | 1068.13 | 1067.31 | 1067.63 |

续表

| 货币币种 | 货币报价 | 中国银行 | 建设银行 | 交通银行 |
|---|---|---|---|---|
| 日元<br>（JPY） | 现汇买入价 | 6.3146 | 6.3093 | 6.3096 |
| | 现汇卖出价 | 6.3653 | 6.3587 | 6.3603 |
| 英镑<br>（GBP） | 现汇买入价 | 1349.47 | 1348.09 | 1348.29 |
| | 现汇卖出价 | 1360.31 | 1358.91 | 1359.11 |
| 瑞郎<br>（CHF） | 现汇买入价 | 648.82 | 648.31 | 648.47 |
| | 现汇卖出价 | 654.03 | 653.51 | 653.67 |
| 加元<br>（CAD） | 现汇买入价 | 665.01 | 663.87 | 664.04 |
| | 现汇卖出价 | 670.35 | 669.21 | 669.36 |
| 澳元<br>（AUD） | 现汇买入价 | 638.61 | 637.82 | 638.19 |
| | 现汇卖出价 | 643.74 | 642.94 | 643.31 |

数据来源：http：//www. boc. cn/cn/common/whpj. html（中国银行外汇牌价）；

http：//www. ccb. com/portal/cn/finance_quote/forei_excha_settle_quote. jsp（中国建设银行即期结售汇牌价）；

http：//www. bankcomm. com/BankCommSite/cn/foreignExchang-eSearch. jsp？ id＝1213530800100&-type＝CMS. STD（交通银行外汇牌价）

表 4-2　国内 2 家大型商业银行所报 7 种主要外币牌价

（单位：美元）

| 货币币种 | 货币报价 | 工商银行 | 农业银行 |
|---|---|---|---|
| 欧元/美元 | 现汇买入价 | 1.5559 | 1.5561 |
| | 现汇卖出价 | 1.5560 | 1.5562 |

| 货币币种 | 货币报价 | 工商银行 | 农业银行 |
|---|---|---|---|
| 美元/日元 | 现汇买入价 | 107.82 | 107.81 |
| | 现汇卖出价 | 107.85 | 107.84 |
| 英镑/美元 | 现汇买入价 | 1.9813 | 1.9815 |
| | 现汇卖出价 | 1.9818 | 1.9820 |
| 美元/瑞郎 | 现汇买入价 | 1.0493 | 1.0492 |
| | 现汇卖出价 | 1.0499 | 1.0497 |
| 美元/加元 | 现汇买入价 | 1.0240 | 1.0243 |
| | 现汇卖出价 | 1.0245 | 1.0246 |
| 澳元/美元 | 现汇买入价 | 0.9376 | 0.9373 |
| | 现汇卖出价 | 0.9379 | 0.9378 |

数据来源：http://www.icbc.com.cn/icbc/％E7％BD％91％E4％B8％8A％E6％B1％87％E5％B8％82/(中国工商银行外汇牌价)

http://www.95599.cn/hqWeb/hqJsp/(中国农业银行外汇牌价)

根据表 4-1 中所提供的外汇牌价，对于美元、欧元、日元、英镑、瑞郎、加元、澳元 7 种主要外币而言，国内 3 家大型商业银行报出的人民币现汇买入价及现汇卖出价都不相同。其中，中国银行的报价相对偏高一些，交通银行的报价相对低些，建设银行的报价基本介于两者之间。这样，跨国经营企业在结售汇时就应该根据各家银行的不同报价进行选择，贵卖贱买，有效管理汇率风险。

根据表 4-2 中所提供的外汇牌价，对于欧元、日元、英镑、瑞郎、加元、澳元 6 种主要外币而言，国内 2 家大型商业银行报出的美元现汇买入及现汇卖出报价也各不相同，而且工商银行和农业银行对同一对货币报出的买卖价差也不尽相同，如美元/瑞郎、美元/加元、澳元/美元等。因此，同样的道理，跨国经营企业在货币汇兑时也应该根据各家银行的不同报价进行选择,贵卖贱买,有效管理汇率风险。

在运用套汇交易基本原理管理汇率风险时,跨国经营企业必须能及时、准确地判断出各个外汇市场之间存在的汇率差异,否则一切皆为空谈。通常,判断两个外汇市场之间的汇率差异比较简单,往往能一目了然。但三个或三个以上外汇市场之间的汇率差异则较难判断,一条较为通用的经验法则是:计算相同标价法下多个外汇市场所报汇价等式右边的连乘积是否等于1。若为1,说明各个外汇市场之间的汇率处于均衡,没有必要运用套汇交易原理进行汇率风险管理,但这种情况一般不存在;若不为1,则说明各个外汇市场之间的汇率存在差异,可运用套汇交易原理进行汇率风险管理。

## 第三节　期汇交易对汇率风险的管理

期汇交易,也称远期交易,为买卖双方成交后于两个工作日以后的某一天办理交割的外汇交易活动,具体包括一般远期交易、套利交易、择期交易和套汇交易等多种类型。

### 一、一般远期外汇交易对汇率风险的管理

一般远期外汇交易是指买卖双方成交后,在两个工作日以后的某一约定时间按约定汇率办理外汇交割的交易活动。

一般远期外汇交易对汇率风险的管理功能如同现汇交易中的限价交易,只是将交割时间延期至两个工作日以后的某一约定时间而已。

对跨国经营企业而言,进出口收付汇或债权债务清偿所涉及的货币汇兑可能发生在即期,也可能发生在远期。

若是发生在即期,如前所述,可以运用限价交易方式进行汇率风险管理。

若是发生在远期,则就可以运用一般远期外汇交易进行汇率风险管理。其基本方法是:对于未来某一时期将要收付的外汇,在即期与外汇银行签订一般远期交易合同,约定在未来某一时间按双方约定的汇价买卖该外汇。届时,跨国经营企业只需与银行按约定汇价办理交割即可。由此规避了远期汇率变动带来的不确定性,将汇率风险转嫁给签约银行,汇兑损益由后者承担。

## 二、套利交易对汇率风险的管理

套利交易是指利用不同货币市场上的利率差异,将低利率货币兑换成高利率货币以赚取收益的交易活动。

对交易者来说,套汇交易谋取的是汇率差异带来的收益,而套利交易谋取的是利率差异带来的收益。前者的收益在即期就能产生,而后者由于货币的时间价值作用,往往要经过一段时期才能产生。因此,套汇交易属于现汇交易,而套利交易属于期汇交易。

虽然套利交易谋取的是利率差异带来的收益,但由于涉及不同货币市场的不同货币,因此,套利交易最终能否获利,关键还是在于汇率,在于汇率的变化和差异。套利交易与汇率密不可分:只有当一种货币利率高于另一种货币利率,且其利差高于其远期贴水时,才可以发生资金套入,若其利差低于其远期贴水时,则只能发生资金套出;反之,当一种货币利率低于另一种货币利率,且不能用远期升水抵补时,只能发生资金套出,但若能用远期升水抵补时,则可以发生资金套入。

举例说明:若 2008 年初国际金融市场上美元 6 月期的存款年利率为 2.875％、欧元 1.125％,即期汇率为 1 欧元＝1.5530/

35 美元,预期欧元/美元的升水年率分别为 1.50%、1.75%、2.00%。对可持有 6 个月 1000 万欧元闲置资金的商人而言,在预期欧元/美元的升水年率分别为 1.50%、1.75%、2.00% 的情况下,可分别进行如下套利交易活动以谋取利差收益。

当预期欧元/美元的升水年率为 1.50% 时,若将此 1000 万欧元在银行存放 6 个月,可得欧元本息:$1000 \times (1 + 1.125\% \times 1/2) = 1005.625$ 万;若在即期兑换成美元,可换得美元 1553 万,将换得的这笔美元存放在银行,则 6 个月后的美元本息为 $1553 \times (1 + 2.875\% \times 1/2) = 1575.32$ 万。再将所得的美元本息换成欧元,得欧元:$1575.32 \div [1.5535 \times (1 + 1.50\% \times 1/2)] = 1006.497$ 万。由此可见,该笔资金以美元形式持有比以欧元形式持有更为有利($1005.625 < 1006.497$)。

当预期欧元/美元的升水年率为 1.75% 时,若将此 1000 万欧元在银行存放 6 个月,可得欧元本息:$1000 \times (1 + 1.125\% \times 1/2) = 1005.625$ 万;若在即期兑换成美元,可换得美元 1553 万,将换得的这笔美元存放在银行,则 6 个月后的美元本息为 $1553 \times (1 + 2.875\% \times 1/2) = 1575.32$ 万。再将所得的美元本息换成欧元,得欧元 $1575.32 \div [1.5535 \times (1 + 1.75\% \times 1/2)] = 1005.310$ 万。由此可见,该笔资金以欧元形式持有与以美元形式持有差异不是特别明显($1005.625$ 与 $1005.310$),若考虑货币兑换过程中发生的各种税费,则差异将更小,可以欧元形式持有,也可以美元形式持有。但通常以原有货币欧元形式持有更为合适。

当预期欧元/美元的升水年率为 2.00% 时,若将此 1000 万欧元在银行存放 6 个月,可得欧元本息:$1000 \times (1 + 1.125\% \times 1/2) = 1005.625$ 万;若在即期兑换成美元,可换得美元 1553 万,将换得的这笔美元存放在银行,则 6 个月后的美元本息为 $1553 \times (1 + 2.875\% \times 1/2) = 1575.32$ 万。再将所得的美元本

息换成欧元,得欧元 1575.32÷[1.5535×(1＋2.00％×1/2)]
＝1004.006 万。由此可见,该笔资金以欧元形式持有比以美元
形式持有更为有利(1005.625＞1004.006)。不考虑货币兑换过
程中发生的各种税费,可获得利差收益 1.619 万欧元。

之所以可以这样进行套利交易,是因为欧元的利率
1.125％虽然低于美元利率 2.875％,利差为 1.75％,但根据利
率平价说原理和市场预期,欧元将来为升水。当预期欧元/美元
的升水年率为 1.50％时,不足以弥补 1.75％的利差,因此发生
资金套出,即以美元形式持有要比以欧元形式持有更为有利;当
预期欧元/美元的升水年率为 1.75％时,刚好与 1.75％的利差
相等,没必要发生资金套出,即仍以欧元形式持有更合适;当预
期欧元/美元的升水年率为 2.00％时,超过了两种货币之间
1.75％的利差,因此不必发生资金套出,继续以欧元形式持有更
为有利。

运用套利交易这一金融工具的基本原理,在货币可自由兑
换的前提下,跨国经营企业在进出口收付远期外汇货款或清偿
远期外币债权债务时,可针对不同货币之间存在的利率差异和
相关货币远期汇水的预期变动情况,通过选择以低利率货币形
式持有或以高利率货币形式持有等不同的货币持有方式,达到
规避汇率风险并获取利差收益的目的。

## 三、择期交易对汇率风险的管理

择期交易是指外汇买卖成交后,客户可以在将来某一段时
期(通常是一个半月)内的任何一天按约定的汇率要求外汇银行
办理交割的交易活动。

择期交易是外汇银行根据国际贸易通常涉及的商品交易量
大面广、路途遥远这一特点而设计推出的。

由于国际贸易中多数采用航运方式运送各类货物,因此,商

品具体离岸时间和到岸时间很难事先确定。商品贸易合同只能反映商品交割的大致时间段,如 10 天、30 天、50 天、60 天、80 天、90 天、100 天、180 天等,不能精确至具体哪一天。而货物一旦在某一天到了岸,商品交易的双方就必须验货交割入库,同时进行货款收付。同一时间段内的不同时间点上所收付的货款,其汇兑汇率是不同的。

对此,为避免将来货到付款这段时期内因汇率波动而带来的汇兑损益风险,外汇银行允许客户在即期与银行签订择期交易合同,以获得在合同约定的将来某一段时期(通常是一个半月)内的任何一天按约定的汇率要求外汇银行办理交割的权利。

客户因此取得了交割时间上的主动权,但必须承担合同约定的将来这段时期内出现的最差的交割汇率,以弥补外汇银行为随时满足客户交割需要而持有相应外汇头寸的成本支出。

举例说明:假定某一时间点上外汇银行报出美元/日元的即期汇率为 107.50/55,15 天的调期率为 10—15,20 天的调期率为 20—15;则客户购买 15 天日元的远期择期汇价为 1 美元＝107.50 日元,购买 20 天日元的远期择期汇价为 1 美元＝107.30 日元。

这是因为,根据外汇银行的报价,客户购买即期日元的汇价是 1 美元＝107.50 日元,购买 15 天远期日元的汇价是 1 美元＝107.60 日元(即期至 15 天美元升水 10 个点),购买 20 天远期日元的汇价是 1 美元＝107.30 日元(即期至 20 天美元贴水20 个点)。根据择期交易的基本规则,客户在取得交割时间上主动权的同时,必须承担合同约定的将来这段时期内出现的最差的交割汇率。因此,在外汇银行报出上述即期至 15 天的 2 个日元买卖汇价(107.50 日元和 107.60 日元)中,应该由客户承担最差的那个价,即 1 美元＝107.50 日元,付出同样多的美元只有换取较少些的日元。同理,在外汇银行报出上述即期至 20

天的 3 个日元买卖汇价(107.50 日元、107.60 日元和 107.30 日元)中,应该由客户承担最差的那个价,即 1 美元＝107.30 日元,付出同样多的美元只有换取更少些的日元。

运用择期交易这一金融工具的基本原理,跨国经营企业在进出口收付远期外汇货款或清偿远期外币债权债务时,若预期未来某一段将要办理货币交割的时期内汇率可能出现大幅振荡的情况,则可通过选择与外汇银行签订择期交易的方式,将未来某一段时期内的交割汇价事先按外汇银行的报价约定下来。虽然需承担这段时期内的最差报价,但却可以规避届时市场实际汇率大幅振荡带来的风险损失,达到汇率风险管理目的。

## 四、套期交易对汇率风险的管理

套期交易是指将货币相同、金额相等、买卖方向相反、交割时间不同的两笔或两笔以上的外汇交易结合进行的一种交易活动。

套期交易的最大特点在于:第一,看似多笔交易,实际为一笔交易;第二,由于是单笔交易,因此客户可以省却多笔交易的买卖价差和手续费。

套期交易根据其组成的多笔交易的交割时间不同,可分为三种类型:即期对远期(Spot Against Forward)、远期对远期(Forward to Forward)、现汇日之前的货币调换(Rollover)。

### (一)即期对远期

即期对远期的套期交易是指将货币相同、金额相等、买卖方向相反、交割时间分别在即期和远期的两笔或两笔以上不同的外汇交易结合进行的一种交易方式。

举例说明:假设某年初国际金融市场上美元 6 月期的贷款年利率为 2.875％、欧元 1.125％,即期汇率为 1 美元＝0.6520/30 欧元,预期美元/欧元的升水年率为 1.50％。若某客户 A 即期急需 1000 万美元的资金预付一笔 6 个月后可交货的货款,则其该如何进行外汇交易更为有利?

根据假设条件,客户 A 虽然急需 1000 万美元的资金预付货款,但由于美元的贷款年利率为 2.875%,比欧元的 1.125% 高出 1.75%。因此,建议客户 A 可以考虑先在即期货币市场借取利率较低的欧元(交易①),然后在即期外汇市场卖出欧元换取所需的美元(交易②),以预付货款;6 个月后,待货到、货销,收回美元时,再在那时的外汇市场兑取欧元(交易③),以偿还 6 月前的那笔借款(交易④)。具体交易流程如下:

| | 即期市场 | | 6 月期远期市场 | |
| --- | --- | --- | --- | --- |
| | 美元 | 欧元 | 美元 | 欧元 |
| 货币市场 | | ①借(+) | | ④还(−) |
| 外汇市场 | 买(+) | ②卖(−) | ③卖(−) | 买(+) |

整个交易过程涉及货币市场的借贷(即交易①、交易④)和外汇市场的买卖(即交易②、交易③),头寸是可以轧平的,关键是汇价能否确定以及汇率风险能否规避。

仔细分析,其中货币市场借贷欧元的利率是可以确定的,为 1.125%,即交易①和交易④不存在风险;而外汇市场即期卖欧元、买美元的汇价也是可以确定的,1 美元=0.6530 欧元,即交易②也不存在风险;唯一的风险是 6 个月后的远期外汇市场卖美元、买欧元的汇率不能确定,即交易③存在着汇率风险,美元将来的升贴水变化将影响到整笔交易的盈亏。

由此可见,6 个月后远期外汇市场卖美元、买欧元的汇率变化将是整笔交易的关键所在。

若采用前面提及的一般远期交易方式对远期汇率进行管理,则可与外汇银行签订一份卖 6 月期美元 1000 万、买欧元的一般远期交易合同,根据美元/欧元升水年率 1.50% 的报价,合同上可约定 6 月期交割汇价为 1 美元＝0.6520×(1＋1.50％× 1/2)＝0.6569 欧元,可得欧元贴水 49 点。

但如果采用即期对远期的套期交易方式,与外汇银行签订一份买即期美元 1000 万、卖欧元,汇价为 1 美元＝0.6530 欧元,同时卖 6 月期美元 1000 万、买欧元的套期交易合同,根据美元/欧元升水年率 1.50％的报价和套期交易的基本原理,合同上就可约定 6 月期交割汇价为 1 美元＝0.6530＋0.6520× (1.50％×1/2)＝0.6579 欧元,可得欧元贴水 59 点。比采用一般远期交易方式可多得 10 个点的欧元贴水。

之所以可多得 10 个点的欧元贴水,是因为套期交易同时将买即期美元和卖 6 月期美元这两笔交易结合在一起组合成单笔交易,并与同一家外汇银行签订交易合同,由此省却了买卖价差 10 点,而 49 个点的欧元贴水仍然可得,合计实际可得 59 点欧元贴水。

**(二)远期对远期**

远期对远期的套期交易,又称复远期交易,是指将货币相同、金额相等、买卖方向相反、交割时间分别在某一远期和另一更远远期的两笔或两笔以上不同的外汇交易结合进行的一种交易方式。

远期对远期套期交易的基本原理与即期对远期的交易原理相同,只是需注意其交易合同是在即期签订的。因此,两个远期的汇价都是在即期汇价基础上根据远期升贴水报价情况进行确定。

举例说明:若某商人 A 做了两笔涉外贸易,一笔是出口,6 个月后有出口收入 1000 万欧元;另一笔是进口,3 个月后要支付欧元 1000 万。假设外汇银行报出的即期汇率为 1 美元＝ 0.6320/30 欧元、3 月期汇水为 60/50、6 月期汇水 100/90。为防避汇率风险,该商人 A 可以采用两笔一般远期交易的方式进行,也可采用 3 月对 6 月的复远期套期交易方式进行,但后者可比前者省却多笔交易的手续费和买卖价差。

若采用两笔一般远期交易,则商人 A 与外汇银行签一笔即期买 3 月期欧元 1000 万的交易合同,协议价为 1 美元＝0.6320－0.0060＝0.6260 欧元;再签一笔即期卖 6 月期欧元 1000 万的交易合同,协议价为 1 美元＝0.6330－0.0090＝0.6240 欧元。不考虑手续费和时间差,两笔外汇交易,一进一出,商人 A 可获得 20 个点、约 5.12 万美元的价差。

若采用一笔远期对远期的复远期套期交易,则商人 A 与外汇银行签一笔即期买 3 月期欧元 1000 万同时卖 6 月期欧元 1000 万的交易合同,协议价分别:买 3 月期欧元价为 1 美元＝0.6320－0.0060＝0.6260 欧元;卖 6 月期欧元价为 1 美元＝0.6320－0.0090＝0.6230 欧元。同样不考虑手续费和时间差,但这一笔一进一出的外汇交易,可使商人 A 获得 30 个点、约 7.69 万美元的价差。

显而易见,套期交易与一般远期交易的最大区别在于通过将多笔外汇交易结合进行的方法,省却买卖价差,以获取更多的汇兑收益。

因此,只要具备货币相同、金额相等、买卖方向相反、交割时间不同等这些交易条件,就应该选择采用套期交易方式,在规避汇率风险的同时,还可以节省多笔交易的手续费和买卖价差。

**（三）现汇日之前的货币调换**

现汇日之前的货币调换是套期交易原理在即期交易过程中呈现出的比较特殊的一种交易活动。

众所周知,外汇交易通常会涉及成交日、现汇日（交割日）和起息日三个不同的时间,但由于世界范围内不同外汇市场所处地理位置不同而产生的时间差异（见表 4-3）,有时不同外汇市场之间的交易需将外汇资金在交割日之前提前入账,并同时要求起息,由此就出现了现汇日之前的货币调换,如今日/明日、明日/后日等。

表 4-3　各主要外汇市场的交易时间

| 地区 | 城市 | 开市时间<br>(格林威治时间,GMT) | 收市时间<br>(格林威治时间,GMT) |
|---|---|---|---|
| 大洋洲 | 悉尼 | 23：00 | 7：00 |
| 亚洲 | 东京 | 0：00 | 8：00 |
| | 香港 | 1：00 | 9：00 |
| | 新加坡 | 1：00 | 9：00 |
| | 巴林 | 6：00 | 14：00 |
| 欧洲 | 法兰克福 | 8：00 | 16：00 |
| | 苏黎世 | 8：00 | 16：00 |
| | 巴黎 | 8：00 | 16：00 |
| | 伦敦 | 9：00 | 17：00 |
| 北美洲 | 纽约 | 13：00 | 21：00 |
| | 洛杉矶 | 14：00 | 22：00 |

作为一种即期交易,现汇日(交割日)通常为买卖双方成交之后的第二个工作日,起息则在交割完成的当日。因此,在现汇日之前的货币调换中,外汇银行一般按为客户调换外汇头寸的抵补成本进行报价和结算。

举例说明:正常情况下,若假定周二(今日)市场汇率美元/欧元为 1 美元=0.6500/6 欧元,从周二(今日)到周三(明日)的汇水为 10/4,则周三(明日)的市场汇率应是 1 美元=0.6490/0.6502 欧元。

但现汇日之前的货币调换则全然不同。若假定周三(明日)为现汇日(交割日),外汇银行报出美元/欧元的汇率为 1 美元=

0.6500/6 欧元,从周二(今日)到周三(明日)的汇水为 10/4,则外汇银行周二(今日)起息日的汇率应为 1 美元＝0.6504/16 欧元。

这是因为,根据题意,现汇日(交割日)是在周三(明日),正常情况下客户应在周三(明日)办理货币交割,交割完毕之后资金马上各自入账,并分别开始起息。但现在由于时间差,资金提前于周二(今日)到账并要求起息(货币具有时间价值,必须及时起息),因此货币交割只能被迫提前至周二(今日)进行。为此,外汇银行必须替客户将交割所需收付的相关外汇资金从周三(明日)市场调换到周二(今日)市场,以满足客户办理交割时收付外汇资金的需要。其中,外汇银行帮助客户调换外汇头寸的抵补成本按套期交易的基本原理计算得出:

若客户交割时要求买入欧元,则外汇银行应报美元买入价(即外汇银行买入美元付出欧元,客户因此买入欧元)。该汇价是这样确定的:外汇银行先帮客户去周三(明日)市场买进欧元,汇价为 1 美元＝0.6500 欧元,再回周二(今日)市场帮客户将换得的欧元卖给外汇银行,使外汇银行拥有足够的欧元头寸以满足客户交割需要,汇价为 1 美元＝0.6500＋0.0004＝0.6504 欧元。

若客户交割时要求买入美元,则外汇银行应报美元卖出价(即外汇银行卖出美元收入欧元,客户因此买入美元)。该汇价是这样考虑的:外汇银行先帮客户去周三(明日)市场买进美元,汇价为 1 美元＝0.6506 欧元,再回周二(今日)市场帮客户将换得的美元卖给外汇银行,使外汇银行拥有足够的美元头寸以满足客户交割需要,汇价为 1 美元＝0.6506＋0.0010＝0.6516 欧元。

由此可见,在现汇日之前的货币调换中,所谓的抵补成本其实就是依据套期交易原理,将今日/明日(或明日/后日)的两笔货币调换交易组合成一笔交易,以此省却买卖差价而已。

综上所述,作为套期交易,无论是典型的即期对远期交易、远期对远期(复远期)交易,还是运用在特殊场合的现汇日之前的货币调换,其基本精神就是通过将货币相同、金额相等、买卖方向相反、交割时间不同的多笔交易组合成一笔,以省却多笔交易的买卖价差和手续费。

因此,建议跨国经营企业在进出口收付不同期限的外汇货款或清偿不同期限的外币债权债务时,尽可能将货币相同、金额相等、买卖方向相反、交割时间不同的多笔货款之间、债权债务之间,甚至于货款与债权债务之间进行配对和组合,以更好地管理汇率风险。

# 第五章 衍生金融工具对
# 汇率风险的管理

如第四章所述,为了防范交易风险、经营风险、折算风险等这些外汇风险,跨国经营企业可以采取货币保值措施、金融市场操作以及提前或延期结汇、进出口贸易结合、BSI、LSI、福费廷、保付代理、货币风险保险、经营活动多样化、财务活动多样化、资产负债表抵补保值等一系列管理措施,尤其是限价交易、一般远期交易、择期交易、套汇交易、套利交易和套期交易等基础金融工具。本章则将侧重研究跨国经营企业如何运用金融衍生市场提供的各种衍生金融工具更好地管理汇率风险。

## 第一节 衍生金融工具的基本特性

衍生金融工具(Derivative Financial Instruments,缩写DFI)是指其价值派生于或衍生于基础金融工具(如货币、股票、债券等)的新型金融工具,主要有金融期货、金融期权、金融互换等。

与基础金融工具相比,衍生金融工具有一些自身独特的基本属性。但这些基本特性是由衍生金融商品交易的标的物——基础金融商品的特性所决定的。

## 一、同质性

众所周知,基础金融商品一般都表现为各种形式的、以货币表示的金融资产。货币是从商品中分离出来的、充当一般等价物的特殊商品。作为商品,货币的使用价值与价值是统一的。货币的这种同质性决定了各种金融资产的同质性,如各种可自由兑换的外币、各种债券利率、各个市场的股价指数等。由此导致以某一汇率、利率、股价指数等作为标的物的外汇期货或期权、利率期货或期权、股指期货或期权等各种衍生金融商品也都具有同质性,其交易量可以标准化,即可以用标准数量来额定。如各类金融期货交易、场内金融期权交易等。

## 二、耐久性

如前所述,以各种货币形式表示的基础金融商品,其使用价值与价值是统一的,即用于充当商品交换的媒介。因此,基础金融商品通常都具有耐久性和易保存性,易于长期甚至永久地保存而不发生任何有形的损耗。这一点能较好地满足衍生金融商品通常都是在未来某一约定时日才能办理交割的交易方式。因为在各种衍生金融交易成交与交割之间存在着或长或短的时间间隔,在这段间隔时期内,通常要求交易的标的物除价格之外在品质、性能及其他各方面均能保持不变,即具备一定的耐久性。

## 三、价格易变性

任何一种商品,它的价格变动越频繁,价格变动的幅度越大,则这种商品的持有人所承受的价格风险也就越大,他们对风险管理工具的要求也越大。

与普通商品相比,金融商品本身并无内含价值,也无任何使用价值,它只是一种价值符号或价值化身。因此,金融商品的价格变动更频繁,变动的幅度也更大。金融商品价格的易变性及变动幅度的无限性决定了其持有人对套期保值工具的迫切性。

作为一种特殊的、新型的、派生出来的交易品种,衍生金融工具本身就是为了迎合人们规避价格风险的需要而产生的。若没有价格的易变性,也就没有了衍生金融工具存在的必要性,两者相辅相成、唇齿相依。

由于衍生金融工具所具备的上述三个基本特性能较好地防范、分散和转移各种相应的金融风险,使其成为人们规避金融风险的有效手段。截至 2005 年底,世界上已经有 60 多个交易所可以进行衍生金融工具(产品)的交易,基本的衍生金融工具(产品)已达 2 万多个。目前,国际金融市场上几乎每天都会有新的衍生金融工具产生,可谓发展迅猛,方兴未艾。

据英国经济学家情报社的调查,企业使用最频繁的衍生金融工具是关于利率和汇率的衍生业务,其目的大都是套期保值和规避风险。

# 第二节　外汇期货对汇率风险的套期保值

金融期货是指买卖双方以竞价方式成交后,承诺在未来某一约定时间,以约定价格交割某种特定标准数量金融商品的一种合约。

全球第一张金融期货合约是 1972 年 5 月 16 日由美国芝加哥商品交易所(Chicago Mercantile Exchange,简称 CME)下属的国际货币市场(International Monetary Market,简称 IMM)所推出的外汇期货合约,其出现标志着区别于一般商品期货的金融期货这一新型期货类别的产生。

当时,新推出的外汇期货交易,为有效防范因布雷顿森林体系崩溃而导致的美元进一步贬值所带来的冲击构筑起良好的避风港,成为一种非常有效的汇率风险管理工具。由此,不仅外汇期货本身的交易数量迅速增加,交易市场迅速扩大,而且其他各种新型金融期货品种如利率期货、股指期货等也被陆续推出。金融期货以异常迅猛的发展速度赶上并超过了其他各种商品期货类别,逐渐占据整个期货交易领域的首位。

目前,在全球各大金融期货市场中,交易活跃的金融期货合约有数十种之多,最主要的有外汇期货、利率期货、股价指数期货和黄金期货四种。由于本专著只研究汇率风险,因此这里只涉及外汇期货对汇率风险套期保值功能的具体分析。

## 一、外汇期货的基市原理

外汇期货是指买卖双方以竞价方式成交后,承诺在未来某一约定时间,以约定价格交割某种特定标准数量货币资产的一种合约。

如前所述,外汇期货是金融期货中最先产生的一个品种。自从第一张外汇期货合约产生以来,外汇期货得到了迅速发展,为广大跨国经营企业和金融机构等经济主体提供了有效的套期保值工具。

外汇期货交易所内经纪人主要代表着两类交易者进行买卖活动,一类是套期保值者,利用外汇期货交易避免外汇风险;另一类是投机者,利用外汇期货价格的变动赚取利润。在外汇期货交易中,套期保值是指在现汇市场上买进或卖出外汇的同时又在外汇期货市场上卖出或买进金额大致相同的期货合约,在期货合约到期时因价格(即汇率)变动造成的现汇买卖上的盈亏可以由外汇期货交易上的亏盈弥补的一种交易方式。具体如图5-1、图 5-2 所示。

根据图 5-1,若交易者于 $T_0$ 时间点上在外汇现货市场以 $P_0$

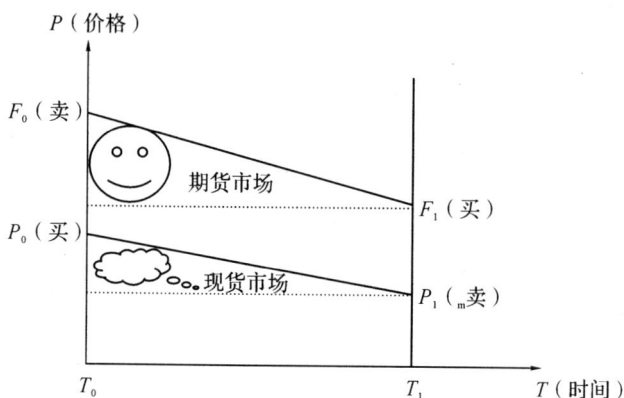

图 5-1 外汇期货交易的套期保值(一)

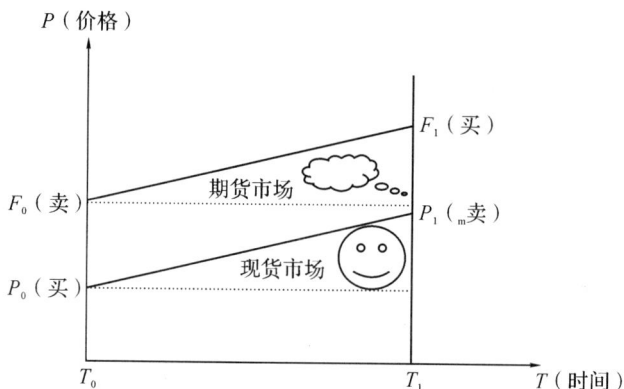

图 5-2 外汇期货交易的套期保值(二)

汇价购入某种货币 A,并预期将在未来的 $T_1$ 时间点卖出。为避免将来($T_1$)汇价变动带来的不利和损失,交易者通常会在 $T_0$ 这个时间点上再于外汇期货市场做一笔等量的反向交易,即以 $F_0$ 汇价卖出该种货币 A。至 $T_1$ 时间点,若外汇现货市场上汇价下跌至 $P_1$,高价($P_0$)买进低价($P_1$)卖出,交易者将面临一定的汇率风险损失,但由于事先($T_0$)曾在外汇期货市场做了一笔等量反向交易,低价($F_1$)买进高价($F_0$)卖出,将获得一定的汇率风险收益。这样,现货市场的风险损失将有可能由外汇期货市场的风险收益进行弥补,部分或全部,甚至还有可能获利。

相反,根据图 5-2,若交易者于 $T_0$ 时间点上在外汇现货市场以 $P_0$ 汇价购入某种货币 A,并预期将在未来的 $T_1$ 时间点卖出。为避免将来($T_1$)汇价变动带来的不利和损失,交易者通常会在 $T_0$ 这个时间点上再于外汇期货市场做一笔等量的反向交易,即以 $F_0$ 汇价卖出该种货币 A。至 $T_1$ 时间点,若外汇现货市场上汇价上涨至 $P_1$,低价($P_0$)买进高价($P_1$)卖出,交易者将获得一定的汇率风险收益,但由于事先($T_0$)曾在外汇期货市场做了一笔等量反向交易,高价($F_1$)买进低价($F_0$)卖出,将蒙受一定的汇率风险损失。这样,现货市场的风险收益将有可能被外汇期货市场的风险损失吞噬,部分或全部,甚至还有可能亏损。

无论是图 5-1 所示的交易,还是图 5-2 所示的交易,都体现出套期保值的基本原理,即通过同时在现货和期货市场从事相同期限、相关货币、相同或相近数量、不同方向的两笔关联性交易,用一笔交易的风险收益去抵补另一笔交易的风险损失。

## 二、外汇期货与外汇现货远期交易的差异

由于外汇现货市场的远期交易(如一般远期、择期、套利、套期等)与外汇期货交易均以外汇为交易对象,因此,外汇现货远期市场与外汇期货市场之间必然在价格即汇率上存在着相互影响、相互制约的关系。也就是说,外汇的现货远期汇率与外汇的期货汇率应保持在一个既相互联系,又比较合理的水平。否则,套利者必将在两个市场之间从事以获取无风险利润为目的的交易,直至将那种被扭曲的价格关系拉回至其正常水平为止。

因此,在外汇市场上,作为一种避险保值的工具,外汇期货交易与传统的远期外汇交易之间存在着一定程度的替代性,在某些特定条件下,这两种交易方式还可能收到异曲同工之效果。

但作为两种交易方式,两者在交易主体、交易组织、交易数量、履约保证、报价方式、交割与结算等许多方面都存在着一定的区别。

**(一)交易主体**

在外汇现货远期交易中,外汇银行仅仅充当外汇交易的中介,买卖双方均明确地知道交易的对方是谁,并了解交易对方的相关情况。

而在外汇期货交易中,买卖双方均以交易所为交易对手,即交易所充当了交易双方的对手,既是所有买者的卖者,又是所有卖者的买者,故交易者不可能、也不需要知道其实际上的交易对手究竟是谁、具体情况怎样,互不见面,免去了客户间互相征信的需要。

**(二)交易组织**

外汇现货远期交易是一种场外交易,一般可通过电话、电脑或电报成交,交易时间不受任何限制,全天 24 小时均可进行。

而外汇期货交易则是一种场内交易,在固定的、集中性的交易场所内通过公开喊价的方式成交,具体交易时间由各交易所统一规定。

**(三)交易数量**

在外汇现货远期交易中,交易的数量由交易双方自行议定,不受任何限制。

但在外汇期货交易中,交易的数量被严格地加以标准化。合约标准化是外汇期货也是金融期货交易区别于其他交易方式的显著特点之一。

交易数量的标准化既有利于对冲交易的进行,也简化了结算过程,但它在套期保值中却限制了交易者根据具体的需要而进行选择的余地。仅就这一点而言,外汇现货远期交易与外汇期货交易其实是各有利弊、互为补充,从而可供交易者根据实际情况进行选择的两种不同的交易方式。

### (四)履约保证

外汇现货市场,远期交易一般以客户的信用作为履约的保证。因此,在外汇远期交易中,交易者不必缴纳保证金,但必须具备良好的信誉和财务状况。

外汇期货市场,外汇期货交易的买卖双方均以交易所为交易对手,互不见面,免去了客户间互相征信的任务,但为了规避信用风险,交易所通常要求交易双方以向交易所的结算单位缴纳保证金作为履约的保证。

由此,在外汇期货交易中,客户只需按规定缴纳保证金,便可参与交易活动,几乎不受其他任何限制。理论上,外汇期货交易缴纳的初始保证金约为期货交易量的 10% 左右。但事实上,各个交易所根据交易品种的差异和交易状况,都有各自具体规定,从 2%～15% 不等。

### (五)报价方式及其波幅

在外汇现货远期交易中,远期汇率由外汇银行报出。通常,外汇银行将根据汇率的预期走势、头寸状况以及客户交易量的大小等各种因素综合考虑,以确定远期汇水的不同走向和幅度,汇率的波动幅度一般不设限制。

而在外汇期货交易中,外汇期货汇率由买卖双方通过讨价还价即竞价的方式确定,且在同一时间、同一交易所内实行一价制。同时,外汇期货交易所往往还具体规定当天的汇率波动幅度,即设涨跌停板制度。

"涨停板"(limit up)指当天若汇价涨至上限则将引起交易停止,"跌停板"(limit down)指当天若汇价跌至下限也将引起交易停止,由此来限定当天汇率的上下波动幅度,以避免波幅过大带来的汇率风险。

### (六)实际交割率

外汇现货远期交易一般以实际交割为目的。在成交的远期合约中,90%以上将于到期日被实际交割。

而外汇期货交易并不以实际交割为目的,只是通过对冲交易进行套期保值。因此,在成交的期货合约中,97%以上将通过对冲交易来结清,实际交割率通常只有1%~2%。

### (七)结算方法

外汇现货远期交易的结算业务一般由经办这一远期交易的外汇银行与客户直接进行,不设专门的清算所。

但在外汇期货交易中,结算业务统一由专门的清算所办理。此外,为便于管理,外汇期货交易一般都以美元进行报价、计价和结算。

综上所述,外汇期货交易与外汇现货远期交易还是存在着多方面的显著而又重要的区别。因此,作为两种不同的用于管理汇率风险的交易方式,跨国经营企业可以根据自身的业务需要进行不同的选择。

## 三、外汇期货对汇率风险的管理

作为一种典型的套期保值工具,根据是否在现货市场同时进行相应的交易行为,外汇期货交易具体又有两种交易类型:一是直接对冲交易;二是套期保值交易。

### (一)直接对冲交易对汇率风险的管理

直接对冲交易包括买入对冲和卖出对冲两种交易方法。买入对冲是指交易者预期未来将在现货市场购入某种外汇资产而先于期货市场购入与该类资产相同或相关外汇期货合约的交易活动;卖出对冲则是预期未来将在现货市场卖出某种外汇资产而先于期货市场卖出与该类资产相同或相关外汇期货合约的交易活动。

举例说明:若在某年 6 月 20 日,某美国进口商预计 3 个月后需支付进口货款 1000 万英镑,国际金融市场上美元 3 月期的存款年利率为 2.25%、英镑 1.75%,即期现货市场汇率为 1 英镑=1.9525/30 美元,即期期货市场汇率为 1 英镑=1.9528/33 美元。为避免英镑升值,该进口商可以选择外汇现货远期交易或外汇期货交易用以规避汇率风险。

若选择在外汇现货市场进行远期交易,则可在即期时点上与外汇银行签订一份一般远期合约,购买 3 月期英镑 1000 万,按利率平价原理确定远期交割协议价为 1 英镑=$1.9530 \times [1 + (2.25\% - 1.75\%) \div 4] = 1.9554$ 美元。这是一种稳健的避险方式,将两币利差之损益按利率平价原理通过远期汇率加以框定。

若选择在外汇期货市场进行期货交易,则可在即期时点上与外汇期货交易所做一笔买入对冲交易,在即期期货市场购入 80 份(假定每 1 份期货合约的标准交易量为 12.5 万英镑)9 月份到期的英镑期货合约,成交价为 1 英镑=1.9533 美元。这也是一种稳健的避险方式。

若该进口商正好于 9 月 20 日货到付款,期货合约亦到期交割,则可按期货合约价 1 英镑=1.9533 美元买入 1000 万英镑,用以支付货款。

若该进口商因货提前于 9 月 10 日到,则只需在 3 月后的即期现货市场按市价购入 1000 万英镑用以付款,同时在那时的期货市场按市场时价对冲卖出英镑期货合约以轧平期货头寸。现货市场的买卖损益将被期货市场的反方向买卖损益部分或全部所抵消或冲减。这是典型的外汇期货买入对冲交易,主动又方便。

卖出对冲交易对汇率风险的套期保值作用与买入对冲是一样的,只是买卖方向相反而已。此处不再赘述。

从避险保值角度来看,选择外汇期货交易方式某种程度上能优于外汇现货的一般远期交易方式。这是因为,从最终的交易结果而言,两者基本上相差无几。一般远期交易能按即期约定的协议价进行交割,而外汇期货交易基本上也能按即期协议价(结算)或接近即期协议价(对冲)进行交割;但它们的成本付出却是不同的,期货交易方式只涉及保证金(理论上为交易量的10%左右)的利差损益,而一般远期交易将涉及全部本金的利差损益。

### (二)套期保值交易

套期保值包括多头套期保值和空头套期保值两种交易方法。多头套期保值指在现货市场卖买某种外汇资产的同时,在期货市场先于即期买入该种外汇资产期货合约,然后再在远期卖出该期货合约以轧平头寸的一种交易方式;空头套期保值是在现货市场买卖某种外汇资产的同时,在期货市场先于即期卖出该种外汇资产期货合约,然后再于远期买进该期货合约以轧平头寸的一种交易方式。

套期保值交易与对冲交易对汇率风险的避险保值功能是一样的,两者唯一的区别在于前者在现货市场也发生了相关交易,而后者却没有。

举例说明:若某年6月,国际金融市场上美元6月期的贷款年利率为3.25%,英镑为2.25%,外汇现货市场即期汇率报价为1英镑=1.9510/1.9515美元、6月期汇水报价为55/60,期货市场每1份期货合约的标准交易量为12.5万英镑,即期汇率报价为1英镑=1.9508/1.9516美元,6月期汇水报价为75/80。

由于国际金融市场上英镑 2.25％ 的利率水平明显低于美元的 3.25％,现有美国某公司计划利用美元与英镑之间的利差来降低资金成本,于 6 月份借入英镑 1000 万、期限 6 个月、年利率为 2.25％,并在外汇现货市场按 1 英镑＝1.9510 美元的即期汇率,卖出所借入的英镑并兑换成美元使用。但由于英镑利率低于美元利率,根据利率平价原理,远期英镑有可能面临升值压力。因此,该公司希望 6 个月后能按即期市场报出的远期汇价 1 英镑＝1.9575 美元换回英镑以偿还贷款,以避免承担届时市场英镑更多升水的汇率风险。

对此,该公司可以通过对英镑进行期货套期保值交易,先于 6 月初在即期期货市场以 1 英镑＝1.9516 美元的汇价买入 80 份 12 月份到期的英镑期货合约,再于 12 月初在远期期货市场按 1 英镑＝1.9583 美元的汇价卖出 80 份 12 月份到期的英镑期货合约进行对冲交易,轧平头寸并获取交易收益。这样,在降低资金成本的同时还能规避汇率风险,一举两得。其具体交易情况如表 5-1 所示。

**表 5-1　多头套期保值交易的基本情况分析**

| 交易市场<br>交易日期 | 现货市场 | 期货市场 |
|---|---|---|
| 6 月 5 日 | 卖:1000 万英镑<br>价:1 英镑＝1.9510 美元<br>收:1951 万美元 | 买:80 份 12 月份到期的英镑期货合约<br>价:1 英镑＝1.9516 美元<br>付:1951.6 万美元 |
| 12 月 5 日 | 买:1000 万英镑<br>价:1 英镑＝1.9575 美元<br>付:1957.5 万美元 | 卖:80 份 12 月份到期的英镑期货合约(对冲)<br>价:1 英镑＝1.9583 美元<br>收:1958.3 万美元 |
| 交易损益 | 亏:6.5 万美元 | 盈:6.7 万美元 |

注:表内"交易损益"的计算仅涉及买卖价差,不考虑时间价值以及买卖过程中发生的各项税费等。

根据表 5-1,该公司通过在期货市场做一笔与现货市场相同货币、相同数量、相同期限的反方向交易,使得现货市场的交易亏损可以由期货市场的交易盈利来进行弥补,从而有效地规避了汇率风险,并保障了其在货币市场降低资金成本的交易收益。

以上是对多头套期保值规避汇率风险功能的举例说明,对空头套期保值而言,其原理也是一样的,这里不再赘述。

综上所述,无论是对冲交易,还是套期保值交易,跨国经营企业都应该在条件许可的情况下,根据业务需要选择期货交易,以获得其对汇率风险管理的套期保值功能。

# 第三节 外汇期权对汇率风险的远期选择

1973 年 4 月 26 日成立的芝加哥期权交易所(Chicago Board Options Exchange,简称 CBOE),是全世界第一家集中性的金融期权市场。全球第一份外汇期权合约于 1982 年 12 月由费城证券交易所(Philadephia Stock Exchange,简称 PHLX)推出。自此,金融期权交易在国际金融领域中的发展十分迅速,应用非常广泛,尤其是在金融风险管理中,它更是一种颇受投资者欢迎的新型工具。

## 一、外汇期权的基本原理

期权(options)是指一种能在未来某一特定时间以特定价格买进或卖出一定数量的某种特定商品的权利。

期权交易就是对上述"权利"的一种交易。

外汇期权(foreign exchange options)指在未来某一特定时间以特定价格买进或卖出一定数量某种特定外汇商品的权利。其基本原理主要表现在以下三个方面。

### (一)期权买方与期权卖方

外汇期权交易通常在期权买方与期权卖方之间通过收付期权费而进行。期权买方也称买方期权,是期权购买者(buyer)或合约持有人(holder);期权卖方也称卖方期权,即为期权出售者(seller)或合约签发人(writer)。

期权费(premium)又称期权价格,是期权买卖双方为期权合约的远期选择权进行交易而收付的费用。

对期权买方而言,由于在期权交易开始之际向期权卖方支付了一笔期权费,因此,拥有在特定时间(合约到期日或合约生效后至到期日这一段时期内)决定执行合约、按约买卖或放弃合约、不履约的权利。

而期权卖方,由于在期权交易开始之际向期权买方收取了一笔期权费,因此,放弃了远期决定权,只有按照期权买方的要求执行合约、按约买卖或放弃合约、不履约的义务。

期权费的收付其实就是对期权合约权利的买卖,一旦收进或付出,意味着期权买卖双方的权利与义务就产生了不对等。

### (二)看涨期权与看跌期权

外汇期权的交易内容依据对标的外汇的买卖行为不同,分为看涨期权和看跌期权两大类。

看涨期权(call option),又称买入期权,是指期权买方在未来某一特定时间以特定价格向期权卖方买进一定数量某种外汇商品或外汇期货合约的合约。

看跌期权(put option),又称卖出期权,是指期权买方在未来某一特定时间以特定价格向期权卖方卖出一定数量某种外汇商品或外汇期货合约的合约。

无论是看涨期权,还是看跌期权,对于期权买方而言,只要付出了期权费,就能获得其远期选择权,而对卖方期权而言,一旦收取了期权费,就放弃了远期选择权,只有听从期权买方行使其权利的义务。

### (三)场内期权与场外期权

与外汇期货不同,外汇期权交易可以以标准化的合约形式在集中性的交易所内进行场内交易,也可以以非标准化的合约形式在柜台进行场外交易。因此,在现实生活中,外汇期权交易更为灵活,拥有场内期权与场外期权两种不同的交易方式。

外汇期权的场内期权(exchange-traded options 或 exchange-list options)与场外期权(over-the-counter options, OTC options)之间的最大区别在于,前者是一种标准化的外汇期权合约交易,其交易数量、协定价格、到期日以及履约时间等均由交易所统一规定;而后者则是一种非标准化的外汇期权合约交易,其交易数量、协定价格、到期日以及履约时间等均可由交易双方自由议定。

无论是场内期权,还是场外期权,都是应人们管理风险的需要而产生和发展起来的。从套期保值的角度而言,场内期权的最大优点是交易便利,成本低廉,交易者可以随时通过反向交易来冲销其持有的部位,这是由集中性市场所具有的高度的流动性及合约的标准化所决定的。然而,场内期权合约的标准化特点却也限制了套期保值者根据自己的具体需要进行选择的余地。而在这一方面,提供非标准化合约的场外期权更灵活、更适用,也更为有效。因此,尽管目前场内期权迅速发展,场外期权也仍有一定的市场。

外汇期权作为一种复杂的风险管理技术,在现实交易活动中,无论是套期保值者,还是套利者与投机者,作为期权买方和期权卖方这两类基本的交易者,在看涨期权和看跌期权这两种最基本类型的基础上,都有无数种可供他们选择的交易类型。这些不同的交易类型都各有其不同的适用场合和适用时机,且可产生不同的交易结果。

通常,作为稳健的汇率风险管理者,跨国经营企业更适宜于在外汇期权交易中充当期权购买者,以一定的期权价格损失防范汇率大起大落之后所带来的无限的汇率风险损失。

## 二、单一外汇期权购买者的远期选择

跨国经营企业可以作为看涨期权的购买者,也可以作为看跌期权的购买者,运用期权交易管理汇率风险。

举例说明:若某公司拥有可闲置 3 个月的欧元资金 1000万,国际金融市场上欧元 3 月期存款年利率为 1.25%,美元为为 2.75%。公司财务人员根据种种信息预测,今后 3 个月内欧元将趋于坚挺。为使该公司现有欧元资金能够升值,同时又抓住这次美元贬值的机会获得额外收入,公司财务人员可进行一项大额定期存款与美元期权交易相结合的组合交易方式。

交易内容如下:先将拥有的 1000 万欧元资金以大额定期存单的方式按 1.25% 的年利率存入银行;同时,用这笔存款的利息收入用以支付期权交易费用,委托银行向外汇期权市场购买一笔美元看跌期权,期待今后 3 个月内欧元升值、美元贬值时,执行该看跌期权,以获取价差收益。

由于这笔欧元大额定期存款的利息为 $1000 \times (1.25\% \div 4)$ $= 3.125$ 万欧元,而外汇期权市场上报出协议价为 1 美元 $=$ 0.6050 欧元的看跌期权价为 1 美元 $=$ 0.0020 欧元。因此,该公司在外汇期权市场可选择做一笔美元买方看跌期权交易,协议价 1 美元 $=$ 0.6050 欧元,交易量 1500 万美元,支付期权费 1500 $\times$ 0.0020 $=$ 3.0 万欧元。

这样,一方面,该笔欧元资金可以随着汇价行情的变化而升值;另一方面,还可以用存款利息收入支付期权交易费用,以确保该笔组合交易不亏损(不考虑交易过程中发生的各项税费,下同)。

假设 3 个月后,美、欧元汇价行情正如公司财务人员预测的那样,欧元升值、美元贬值,分别为 1 美元＝0.6040 欧元、1 美元＝0.6030 欧元、1 美元＝0.6020 欧元等,则:

(1)若市场汇价为 1 美元＝0.6040 欧元,低于协议价。该公司可行使美元看跌期权,要求履约,按协议金额和协议价格出售美元,得交易收益 1500×(0.6050－0.6040)＝1.5 万欧元,考虑到期初作为期权买方所付出的 3.0 万欧元期权费,该笔期权交易的实际损益为亏损 1.5 万欧元。与此同时,公司在 3 个月前存入银行的大额定期存单也到期,获得 3.125 万欧元的利息收入。组合交易到此结束,合计收益为 1.625 万欧元,损失了部分利息收入,但保障了本金未受影响。

(2)若市场汇价为 1 美元＝0.6030 欧元,低于协议价。该公司可行使美元看跌期权,要求履约,按协议金额和协议价格出售美元,得交易收益 1500×(0.6050－0.6030)＝3.0 万欧元,考虑到期初作为期权买方所付出的 3.0 万欧元期权费,该笔期权交易的实际损益为零,即为盈亏平衡点。与此同时,公司在 3 个月前存入银行的大额定期存单也到期,获得 3.125 万欧元的利息收入。组合交易到此结束,合计收益为 3.125 万欧元,利息收入未受影响,本金也未受任何影响。

(3)若市场汇价为 1 美元＝0.6020 欧元,低于协议价。该公司可行使美元看跌期权,要求履约,按协议金额和协议价格出售美元,得交易收益 1500×(0.6050－0.6020)＝4.5 万欧元,考虑到期初作为期权买方付出的 3.0 万欧元期权费,该笔期权交易的实际收益为 1.5 万欧元。与此同时,公司在 3 个月前存入银行的大额定期存单也到期,获得 3.125 万欧元的利息收入。组合交易到此结束,合计收益为 4.625 万欧元,利息收入和本金都未受任何影响,还获得了一笔期权交易收益。较好地规避了汇率风险,获得了一定的风险收益。

若市场汇价比 1 美元＝0.6020 欧元更低,则该公司通过行使美元看跌期权,扣除期初作为期权买方所付出的 3.0 万欧元期权费,还将获得更多的期权交易收益。与此同时,公司在 3 个月前存入银行的大额定期存单的利息收入 3.125 万欧元也能全部获取。该组合交易将会给公司带来更多的风险收益。

假设 3 个月后,美、欧元汇价行情经过一番波动之后,市场价竟然与期权协议价一样,也是 1 美元＝0.6050 欧元,则对该公司而言,执行期权合约与放弃期权合约的结果是一样的,既无期权交易亏损也无期权交易收益,但损失了期初作为期权买方所付出的 3.0 万欧元期权费,这也是该笔期权交易的最大损失额。用到期的大额定期存单利息 3.125 万欧元进行抵补,虽然最终只得 0.125 万欧元的利息收入,但保障了本金未受影响。

假设 3 个月后,美、欧元汇价行情未能如公司财务人员预测的那样,出现欧元升值、美元贬值现象,而是相反。若市场汇价为 1 美元＝0.6060 欧元或者更高,则该公司可选择放弃执行期权合约,以避免汇率变化带来的高价买进(市场价≥0.6060 欧元)、低价卖出(协议价＝0.6050 欧元)的期权交易损失。当然,期初作为期权买方所付出的 3.0 万欧元期权费,只能用到期的大额定期存单利息 3.125 万欧元进行抵补,最终只得 0.125 万欧元的利息收入。该组合交易通过事先可以确定的期权费损失预防了日后市场汇价不断上扬所带来的巨大汇率风险损失。

综上所述,该笔组合交易的基本方法就是,当美元、欧元汇价行情变化与公司财务人员预测的情况相符,即美元贬值、欧元升值时,执行美元看跌期权,获取期权交易收益;当美元、欧元汇价行情变化与公司财务人员预测的情况不符,即美元没有贬值、或美元反而升值时,则放弃美元看跌期权,以有限的期权费用损失防范可能出现的无限的汇率风险损失,而损失的期权费用还可以用存款利息进行抵补。具体情况见图 5-3。

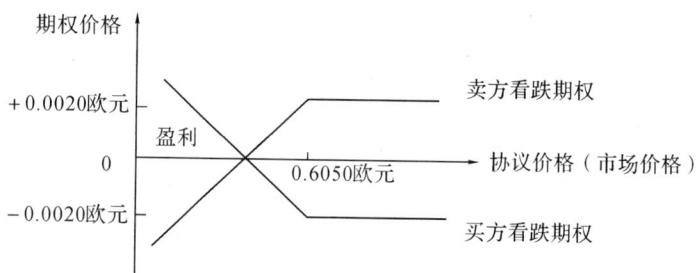

图 5-3　单一金融期权购买者的远期选择(看跌期权)

　　倘若该公司财务人员预期今后 3 个月内美元将趋于坚挺,那么该公司可以选择购买美元的看涨期权。当美元、欧元汇价行情变化与公司财务人员预测的情况相符,即美元升值、欧元贬值时,执行美元看涨期权,获取期权交易收益;当美元、欧元汇价行情变化与公司财务人员预测的情况不符,即美元没有升值,或美元反而贬值时,则放弃美元看涨期权,以有限的期权费用损失防范可能出现的无限的汇率风险损失,而损失的期权费用可以用存款利息进行抵补。具体情况见图 5-4。

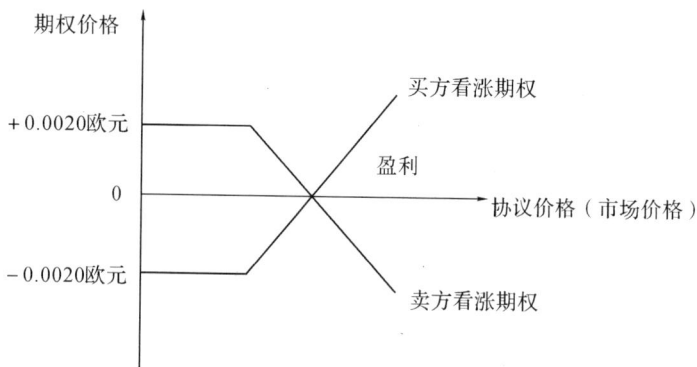

图 5-4　单一金融期权购买者的远期选择(看涨期权)

## 三、复合金融期权购买者的远期选择

以上分析的是只单纯做一笔期权交易或做一笔期权交易与现货交易相结合的组合交易，这里将分析两笔或两笔以上期权交易结合进行的组合交易。

目前，国际金融市场提供的期权组合交易达上千种，但最基本的主要是套头交易、垂直型价差交易和蝶型价差交易三种。跨国经营企业可根据自身对汇率风险的偏好程度进行选择。

### (一)冒险型汇率风险管理者的选择——套头交易

期权套头交易是通过同时购买或出售期限相同、协议价格相等的看涨期权和看跌期权，主动造成期权头寸的期权组合交易。

期权套头交易的出发点，是在预测期权市场价格变化剧烈、波动幅度较大的基础上，通过期权头寸的买、卖操作造成期权费用差价，以避险获利。具体分为买方套头交易和卖方套头交易两种。

买方期权套头交易是指通过同时购入期限相同、协议价格相等的看涨期权和看跌期权，主动造成期权头寸的期权组合交易。即同时做两笔期权的买方，其中一笔为看涨期权，另一笔为看跌期权。

当期权合约生效后，若市场价高于协议价时，执行看涨期权、放弃看跌期权；反之，当市场价低于协议价时，执行看跌期权、放弃看涨期权。只要市场价的涨跌幅度超过两笔期权费之和，则无论涨跌，作为这笔组合期权交易的买方，都能避险获利。但是，若市场价的涨跌幅度未能超过两笔期权费之和，则无论涨跌，作为这笔组合期权交易的买方，都得承担一定的汇率风险损失，其最大的损失额度即为所付出的两笔期权费之和。

卖方期权套头交易是指通过同时售出期限相同、协议价格相等的看涨期权和看跌期权,主动造成期权头寸的期权组合交易。即同时做两笔期权的卖方,其中一笔为看涨期权,另一笔为看跌期权。

当期权合约生效后,若市场价高于协议价时,根据期权买方的要求,执行看涨期权、放弃看跌期权;反之,当市场价低于协议价时,依据期权买方的要求,执行看跌期权、放弃看涨期权。只要市场价的涨跌幅度未能超过两笔期权费之和,则无论涨跌,作为这笔组合期权交易的卖方,都能避险获利,但其最大的获利额度即为所收取的两笔期权费之和。然而,如果市场价的涨跌幅度超过了两笔期权费之和,则无论涨跌,作为这笔组合期权交易的卖方,只能承担汇率风险损失,这样的损失有可能是无限的。

举例说明:假设某日外汇期权市场上,协议价为 1 欧元 = 1.6550 美元的 1 个月看涨期权,其期权费为 1 欧元 = 0.0045 美元,协议价为 1 欧元 = 1.6550 美元的 1 个月看跌期权,其期权费为 1 欧元 = 0.0055 美元。

若某公司根据其业务需要,按照上述报价选择做一笔买方期权套头交易,则在支付了两笔(买方看涨、买方看跌)期权费(1 欧元 = 0.0045 + 0.0055 = 0.0100 美元)的基础上,获得了远期选择权:当远期市场价超过 1 欧元 = 1.6650 美元或低于 1 欧元 = 1.6450 美元时,该公司执行这笔期权套头交易均可获利;但当远期市场价在 1 欧元 = 1.6450~1.6550 美元之间波动时,该公司仍可执行这笔期权套头交易,但将承担部分期权费的损失;当远期市场价刚好与协议价相等即 1 欧元 = 1.6650 美元时,该公司执行或不执行这笔期权套头交易的结果是一样的,都需承担该笔交易的最大损失额即全部期权费,具体如图 5-5 所示。

若某公司根据其业务需要,按照上述报价选择做一笔卖方期权套头交易,则在收取了两笔(卖方看涨、卖方看跌)期权费(1 欧元 = 0.0045 + 0.0055 = 0.0100 美元)的基础上,失去了远期

期权价格

1.6650美元

0

1.6450美元　　　　　　　　　1.6650美元

−0.0100美元

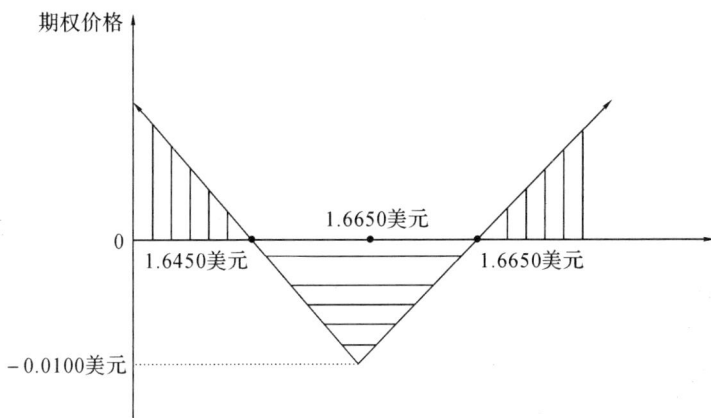

**图 5-5　买方期权套头交易**

选择权：当远期市场价超过 1 欧元＝1.6650 美元或低于 1 欧元
＝1.6450 美元时，该公司只能按买方要求执行这笔期权套头交
易，结果是承担巨额的期权交易损失；当远期市场价在 1 欧元＝
1.6450～1.6550 美元之间波动时，该公司仍按买方要求执行这
笔期权套头交易，但将获得部分期权费的收益；但当远期市场价
刚好与协议价相等即 1 欧元＝1.6650 美元时，该公司执行或不
执行这笔期权套头交易的结果是一样的，都能获得该笔交易的
最大收益额即全部期权费，具体如图 5-6 所示。

　　综上所述，无论是买方期权套头交易、还是卖方期权套头交易，
都具有一定的汇率风险管理功能，只是其各自的适用范围不同。

　　首先，这两类交易方式都与行情走势无直接关系，即都不是
针地市场行情变化趋势设定的，只是与未来行情的变化幅度有
关。买方期权套头交易是针对预期未来市场行情的上下波动幅
度较大时设计的；而卖方期权套头交易则是针对预期未来市场
行情的上下波动幅度较小时创设的。

　　其次，这两类交易方式的损益都与期权费有关。买方期权

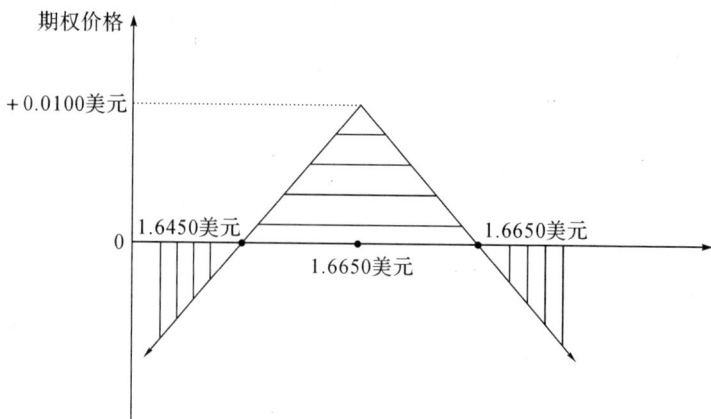

图 5-6　卖方期权套头交易

套头交易由于支付了两笔期权费,其最大的亏损额就是这笔期权费,但盈利可能无限;而卖方期权套头交易由于收取了两笔期权费,其最大的盈利额就是这笔期权费,但亏损可能无限。

因此,跨国经营企业应根据其业务需要和对风险管理的预期目标进行不同的选择。

**(二)保守型汇率风险管理者的选择——垂直型价差交易**

垂直型价差交易是以相同的金额和期限、但不同的协议价格同时出售和购买 2 份单笔期权的组合交易方式。

根据协议价的高低不同,垂直型价差交易分为卖方看跌买方看跌、买方看跌卖方看跌、卖方看涨买方看涨、买方看涨卖方看涨四种。

其中,卖方看跌买方看跌垂直型价差期权交易是一种以相同金额和期限出售协议价格较低的看跌期权,同时购买协议价格较高的看跌期权的组合交易形式,其卖方协议价低于买方协议价。

买方看跌卖方看跌垂直型价差期权交易是一种以相同的金额和期限购买协议价格较低的看跌期权,同时出售协议价格较高的看跌期权的组合交易形式,其买方协议价低低于卖方协议价。

卖方看涨买方看涨垂直型价差期权交易是一种以相同的金额和期限出售协议价格较低的看涨期限,同时购买协议价格较高的看涨期权的组合交易形式,其卖方协议价低于买方协议价。

买方看涨卖方看涨垂直型价差期权交易是一种以相同的金额和期限购买协议价格较低的看涨期权,同时出售协议价格较高的看涨期权的组合交易方式,其买方协议价低于卖方协议价。

举例说明:假设外汇期权市场上报出的期权买卖行情如表5-2所示。

表5-2　某一时点外汇期权市场上美元/日元期权交易行情表

| 交易月份 | 期权协议价（美元/日元） | 期权价格（期权费） | |
| --- | --- | --- | --- |
| | | 美元看涨期权（美元/日元） | 美元看跌期权（美元/日元） |
| 9 月 | 105 | 3.8 | 1.2 |
| 9 月 | 106 | 3.3 | 1.8 |
| 9 月 | 107 | 2.5 | 2.5 |
| 9 月 | 108 | 2.0 | 3.0 |
| 9 月 | 109 | 1.3 | 3.6 |
| 9 月 | 110 | 1.0 | 4.0 |

根据市场报出的期权价和期权费,某公司可以按照业务需要及对行情未来走势和波幅的研判,选择上述四种垂直型价差交易中的某一种,以避险保值盈利。

若预期行情将会下跌,但对这种预期又缺乏信心时,可采用卖方看跌买方看跌期权或卖方看涨买方看涨这两种组合交易方式,其最终盈亏将被框定在"Z"字形的小区间内,如图5-7和图

5-8。

期权价格

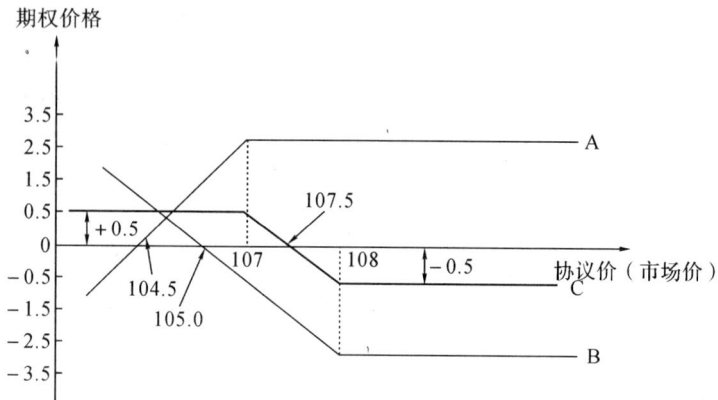

图 5-7　卖方看跌买方看跌垂直型价差期权

图 5-7 中,A 为协议价 1 美元＝107 日元、期权费 1 美元＝2.5 日元的卖方看跌单笔期权交易损益曲线,其盈亏平衡点为 1 美元＝104.5 日元;B 为协议价 1 美元＝108 日元、期权费 1 美元＝3.0 日元的买方看跌单笔期权交易损益曲线,其盈亏平衡点为 1 美元＝105.0 日元;C 则是卖方看跌 A 和买方看跌 B 的组合交易损益曲线,其组合期权费为两笔单笔期权费之差,即 1 美元＝2.5 日元－3.0 日元＝－0.5 日元。

当市场价等于或小于协议价 1 美元＝107 日元时,执行组合交易并剔除期权费后的最终结果是获取 1 美元＝0.5 日元的收益;而当市场价等于或大于协议价 1 美元＝108 日元时,执行组合交易并剔除期权费后的最终结果是承担 1 美元＝－0.5 日元的亏损;当市场价在 1 美元＝107～108 日元之间波动时,执行组合交易并剔除期权费后的最终结果是其损益在 1 美元＝－0.5～＋0.5 日元之间徘徊。该组合交易的盈亏平衡点为 1 美元＝107.5 日元。

通过此组合交易,盈亏只在两笔期权费的差额之间,风险收益与风险损失都被框定在狭小的区间内。

期权价格

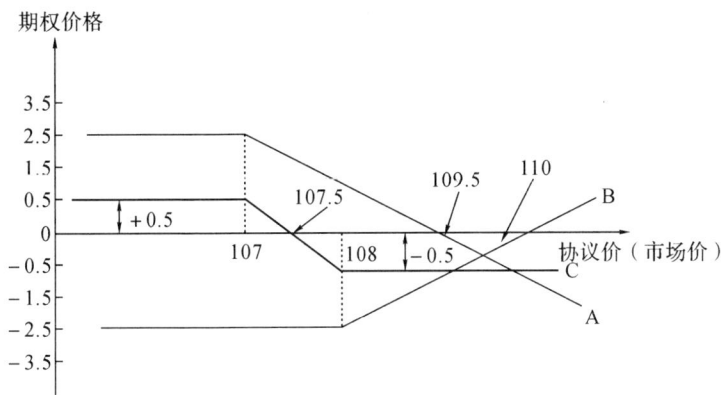

图 5-8　卖方看涨买方看涨垂直型价差期权

图 5-8 中,A 为协议价 1 美元＝107 日元、期权费 1 美元＝2.5 日元的卖方看涨单笔期权交易损益曲线,其盈亏平衡点为 1 美元＝109.5 日元;B 为协议价 1 美元＝108 日元、期权费 1 美元＝2.0 日元的买方看涨单笔期权交易损益曲线,其盈亏平衡点为 1 美元＝110.0 日元;C 则是卖方看涨 A 和买方看涨 B 的组合交易损益曲线,其组合期权费为两笔单笔期权费之差,即 1 美元＝2.5 日元－2.0 日元＝＋0.5 日元。

当市场价等于或小于协议价 1 美元＝107 日元时,执行组合交易并考虑期权费后的最终结果是获取 1 美元＝0.5 日元的收益;而当市场价等于或大于协议价 1 美元＝108 日元时,执行组合交易并考虑期权费后的最终结果是承担 1 美元＝－0.5 日元的亏损;当市场价在 1 美元＝107～108 日元之间波动时,执行组合交易并考虑期权费后的最终结果是其损益在 1 美元＝－0.5～＋0.5 日元之间徘徊。该组合交易的盈亏平衡点为 1

147

美元＝107.5 日元。

通过此组合交易,盈亏只在两笔期权费的差额之间,风险收益与风险损失都被框定在狭小的区间内。

若预期行情将会上升,但对这种预期又缺乏信心时,可采用买方看跌卖方看跌期权或买方看涨卖方看涨这两种组合交易方式,其最终盈亏将被框定在倒"Z"字形的小区间内,如图 5-9 和图 5-10。

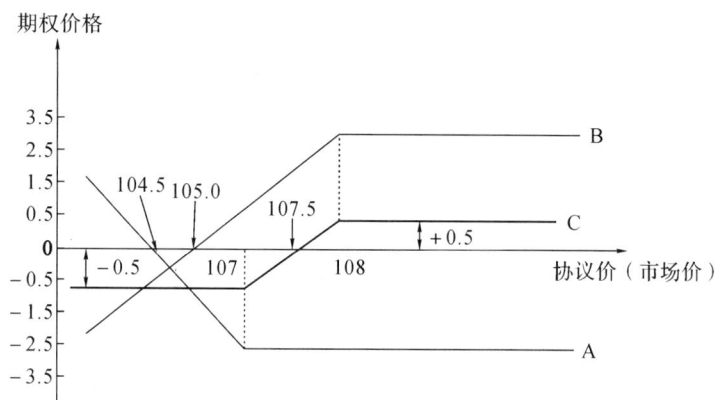

**图 5-9　买方看跌卖方看跌垂直型价差期权**

图 5-9 中,A 为协议价 1 美元＝107 日元、期权费 1 美元＝2.5 日元的买方看跌单笔期权交易损益曲线,其盈亏平衡点为 1 美元＝104.5 日元;B 为协议价 1 美元＝108 日元、期权费 1 美元＝3.0 日元的卖方看跌单笔期权交易损益曲线,其盈亏平衡点为 1 美元＝105.0 日元;C 则是买方看跌 A 和卖方看跌 B 的组合交易损益曲线,其组合期权费为两笔单笔期权费之差,即 1 美元＝3.0 日元－2.5 日元＝＋0.5 日元。

当市场价等于或小于协议价 1 美元＝107 日元时,执行组合交易并考虑期权费后的最终结果是承担 1 美元＝－0.5 日元的亏损;而当市场价等于或大于协议价 1 美元＝108 日元时,执行组合交易并考虑期权费后的最终结果是获取 1 美元＝＋0.5 日元的收益;当市场价在 1 美元＝107～108 日元之间波动时,执行组合交易并考虑期权费后的最终结果是其损益在 1 美元＝－0.5～＋0.5 日元之间徘徊。该组合交易的盈亏平衡点为 1 美元＝107.5 日元。

通过此组合交易,盈亏只在两笔期权费的差额之间,风险收益与风险损失都被框定在狭小的区间内。

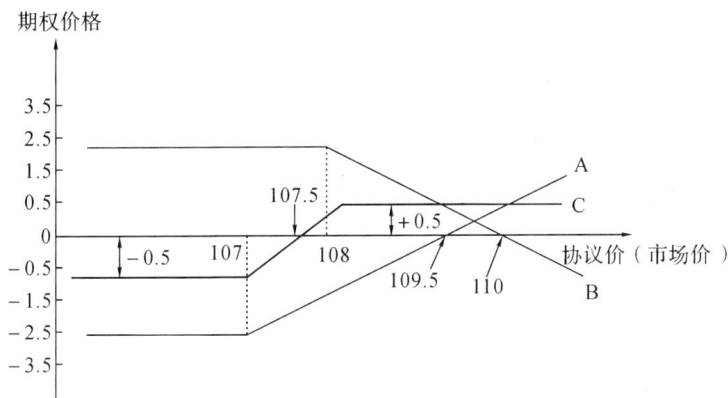

**图 5-10 买方看涨卖方看涨垂直型价差期权**

图 5-10 中,A 为协议价 1 美元＝107 日元、期权费 1 美元＝2.5 日元的买方看涨单笔期权交易损益曲线,其盈亏平衡点为 1 美元＝109.5 日元;B 为协议价 1 美元＝108 日元、期权费 1 美元＝2.0 日元的卖方看涨单笔期权交易损益曲线,其盈亏平衡点为 1 美元＝110.0 日元;C 则是买方看涨 A 和卖方看涨 B 的组合交易损益曲线,其组合期权费为两笔单笔期权费之差,即 1 美元＝2.0 日元－2.5 日元＝－0.5 日元。

当市场价等于或小于协议价 1 美元＝107 日元时,执行组合交易并考虑期权费后的最终结果是承担 1 美元＝－0.5 日元的亏损;而当市场价等于或大于协议价 1 美元＝108 日元时,执行组合交易并考虑期权费后的最终结果是获取 1 美元＝＋0.5日元的收益;当市场价在 1 美元＝107～108 日元之间波动时,执行组合交易并考虑期权费后的最终结果是其损益在 1 美元＝－0.5～＋0.5 日元之间徘徊。该组合交易的盈亏平衡点为 1美元＝107.5 日元。

通过此组合交易,盈亏只在两笔期权费的差额之间,风险收益与风险损失都被框定在狭小的区间内。

综上所述,无论未来市场行情是上涨还是下跌,也无论其上涨下跌的波幅有多大,采用垂直型价差期权交易的结果是,能够将交易的最终盈亏控制在两笔期权费的差额之间,使风险收益与风险损失都被框定在狭小的区间内,达到良好的风险管理效果。

**(三)稳健型汇率风险管理者的选择——蝶型价差交易**

蝶型价差交易是以相同的金额和期限、但不同的协议价格同时出售和购买 4 份单笔期权的组合交易方式。

根据协议价的差异,蝶型价差交易分为卖方蝶型价差交易和买方蝶型价差交易。其中,前者是以相同期限和金额,但不同协议价格为条件,各出售 1 份单笔看涨或看跌期权,同时以相同期限和协议价格为条件购买 2 份单笔看涨或看跌期权的组合价差交易;后者是以相同期限和金额,但不同协议价格为条件各购买 1 份单笔看涨或看跌期权,同时以相同期限和协议价格为条件出售 2 份单笔看涨或看跌期权的组合价差交易。

通常,卖方蝶型价差交易是在预期将来一段时间内市场行情会大起大落,即在一定水平之上或一定水平之下大幅波动时所采用的一种风险管理方案,如图 5-11;而买方蝶型价差交易则是在预期将来一段时间内市场行情呈胶着状态,即在一定范围之内小幅波动时所采用的一种风险管理方案,如图5-12。

图5-11是根据表5-2提供的某一时点外汇期权市场上美元/日元期权交易行情,进行的卖方蝶型价差期权组合交易。

其中,A为协议价1美元＝106日元、期权费1美元＝3.3日元的卖方看涨单笔期权交易损益曲线,其盈亏平衡点为1美元＝109.3日元;B为协议价1美元＝108日元、期权费1美元＝2.0日元的卖方看涨单笔期权交易损益曲线,其盈亏平衡点为1美元＝110.0日元;C和D是协议价都为1美元＝107日元、期权费都为1美元＝2.5日元的两笔单独的买方看涨期权交易的损益曲线,其盈亏平衡点都为1美元＝109.5日元;E则是卖方看涨A、卖方看涨B、买方看涨C和买方看涨D四笔期权的组合交易损益曲线,其组合期权费为四笔单笔期权费之差,即1美元＝3.3日元＋2.0日元－2.5日元－2.5日元＝＋0.3日元。

当市场价等于或小于协议价1美元＝106日元时,抑或当市场价等于或大于协议价1美元＝108日元时,执行组合交易并考虑期权费后的最终结果都将获得1美元＝＋0.3日元的盈利;当市场价在1美元＝106～108日元之间波动时,执行组合交易并考虑期权费后的最终结果是其损益在1美元＝－0.7～＋0.3日元之间徘徊;而当市场价等于协议价1美元＝107日元时,执行组合交易并考虑期权费后的最终结果是承担1美元＝－0.7日元的最大损失。该组合交易的盈亏平衡点分别为1美元＝106.3日元和1美元＝107.7日元。

通过此组合交易,盈亏只在四笔期权费及市场价与协议价之间的差额内,风险收益与风险损失都被框定在狭小的区间和范围。

图5-12也是根据表5-2提供的某一时点外汇期权市场上美元/日元期权交易行情,进行的买方蝶型价差期权组合交易。

期权价格

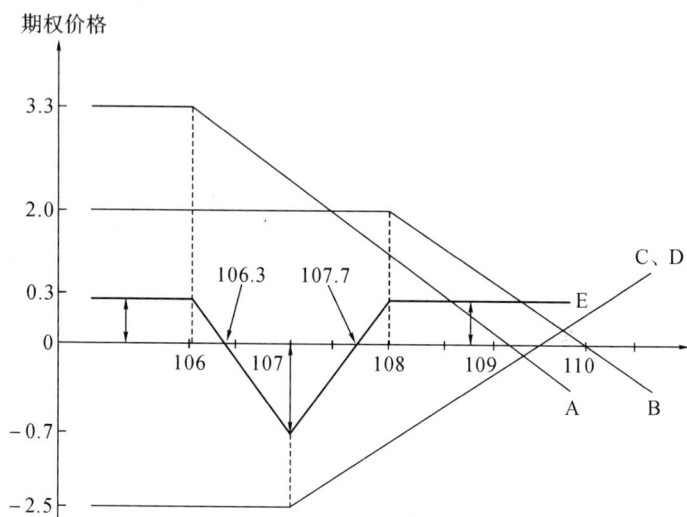

**图 5-11 卖方蝶型价差交易**

其中,A 为协议价 1 美元＝106 日元、期权费 1 美元＝3.3
日元的买方看涨单笔期权交易损益曲线,其盈亏平衡点为 1 美
元＝109.3 日元;B 为协议价 1 美元＝108 日元、期权费 1 美元
＝2.0 日元的买方看涨单笔期权交易损益曲线,其盈亏平衡点
为 1 美元＝110.0 日元;C 和 D 是协议价都为 1 美元＝107 日
元、期权费都为 1 美元＝2.5 日元的两笔单独的卖方看涨期权
交易的损益曲线,其盈亏平衡点都为 1 美元＝109.5 日元;E 则
是买方看涨 A、买方看涨 B、卖方看涨 C 和卖方看涨 D 四笔期
权的组合交易损益曲线,其组合期权费为四笔单笔期权费之差,
即 1 美元＝2.5 日元＋2.5 日元－3.3 日元－2.0 日元＝－0.3
日元。

当市场价等于或小于协议价 1 美元＝106 日元时,抑或当
市场价等于或大于协议价 1 美元＝108 日元时,执行组合交易

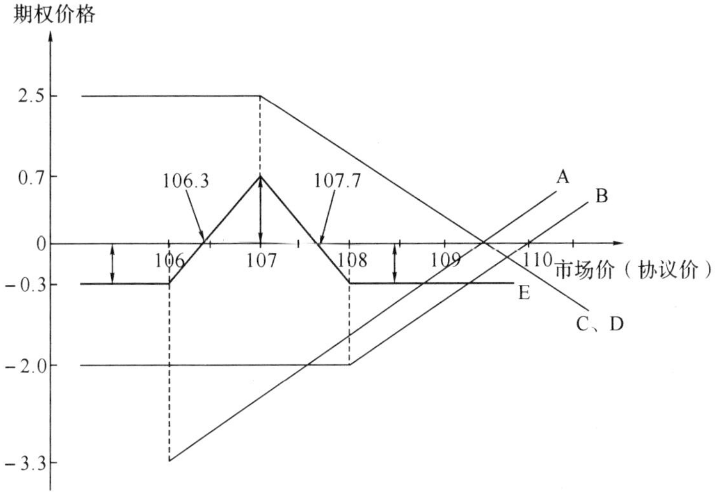

图 5-12　买方蝶型价差交易

并考虑期权费后的最终结果都将承担 1 美元＝－0.3 日元的损失；当市场价在 1 美元＝106～108 日元之间波动时，执行组合交易并考虑期权费后的最终结果是其损益在 1 美元＝－0.3～＋0.7 日元之间徘徊；而当市场价等于协议价 1 美元＝107 日元时，执行组合交易并考虑期权费后的最终结果是获得 1 美元＝＋0.7 日元的最大收益。该组合交易的盈亏平衡点分别为 1 美元＝106.3 日元和 1 美元＝107.7 日元。

通过此组合交易，盈亏只在四笔期权费及市场价与协议价之间的差额内，风险收益与风险损失都被框定在狭小的区间和范围。

## 四、外汇期权与外汇期货对汇率风险管理的比较

作为衍生性的金融工具，外汇期权与外汇期货之间既存在着密切联系，又呈现出显著差异。正确认识这些联系和区别，有

助于跨国经营企业更好地理解外汇期权与外汇期货的不同特性,以便在管理汇率风险时能根据实际情况作出正确的选择或搭配。

### (一)权利与义务的对称性不同

这是外汇期权与外汇期货的最重要的区别。

外汇期货交易中,交易双方的权利与义务是对称的,对其中的任何一方来说,都既有要求对方履约的权利,又有自己向对方履约的义务。

但在外汇期权交易中,交易双方的权利与义务存在着明显的不对称性,期权的买方拥有远期决定履约或弃约的权利却没有相应的义务,而期权的卖方却只有义务而没有权利。

### (二)履约保证不同

外汇期货交易中,交易双方均需开立保证金账户,并按规定缴纳履约保证金。

但在外汇期权交易中,只有期权出售者,尤其是无担保期权的出售者才需开立保证金账户,并按规定缴纳保证金,以保证他们履行期权合约所规定的义务。至于期权购买者,由于期权合约只赋予其权利,而未规定义务,即期权购买者既可以履约,也可以违约,因此,无需开立保证金账户,当然也无需缴纳任何保证金。

### (三)现金流转不同

外汇期货交易中,交易双方于成交时并不发生现金收付关系,而在成交后,则由于实行逐日结算制度,交易双方将因价格的变动而发生现金流转。即随着价格的变动,买卖双方中必有一方盈利,另一方亏损。通过逐日结算,盈利一方的保证金账户余额将增加,而亏损一方的保证金账户余额将减少。当亏损方的保证金账户余额低于规定的维持保证金时,必须按规定及时缴足追加保证金。因此,在外汇期货交易中,无论是买方,还是卖方,为保持其部位,都必须保有一定的流动性较高的资产,以备不时之需。

但在外汇期权交易中,期权购买者为取得期权合约所赋予的权利,必须于成交时向期权出售者支付一定的期权费,而在成交后,则除了到期履约之外,交易双方将不再发生任何现金流转。

### (四)盈利与亏损的特点不同

在外汇期货交易中,无论是买方还是卖方都无权违约,也无权要求提前交割或推迟交割,只能在到期前的任一时间通过反向交易进行对冲。在对冲或到期交割前,价格的变动必使其中一方盈利、另一方亏损,盈利和亏损的程度决定于价格变动的幅度。因此,从理论上说,在外汇期货交易中,交易双方的潜在的盈利和亏损都是无限的。

但在外汇期权交易中,由于期权购买者和期权出售者在权利和义务上的不对称性,他们在交易中的盈利和亏损也具有不对称性。从理论上说,期权购买者在期权交易中的潜在的亏损是有限的(仅限于他所支付的期权费),而他可能取得的盈利却是无限的;相反,期权出售者在期权交易中所可能取得的盈利是有限的(仅限于他所收取的期权费),而他可能遭受的损失却是无限的。当然,在现实的期权交易中,期权出售者未必总是处于不利地位。因为在期权交易中所成交的期权合约事实上很少被执行。换言之,大部分期权购买者将自愿放弃他所拥有的权利。这样,期权出售者实际上就未曾履行任何义务而获取了一笔期权费的收入。

### (五)标的物不同

外汇期权与外汇期货的标的物也不尽相同。一般而言,凡是可作期货交易的金融商品几乎均可作期权交易。然而,可作期权交易的金融商品却未必也可作期货交易。尤其是在现实生活中,目前只有外汇期货期权,却还没有外汇期权期货。也就是说,在现实交易中,只有以外汇期货合约为标的物的外汇期权交易,还没有以外汇期权合约为标的物的外汇期货交易。

因此,从总体而言,外汇期权的标的物多于外汇期货的标的物。因为外汇期权的标的物除了可作外汇期货交易的各种现货金融商品之外,还包括外汇期货合约本身。

随着外汇期权的日益发展,其标的物还有日益增多之趋势。不少外汇期货无法交易的东西均可作为外汇期权的标的物,甚至连外汇期权合约本身也成了外汇期权的标的物,即所谓的复合期权。

### (六)套期保值的作用和效果不同

外汇期货与外汇期权都是人们常用的套期保值工具。但是,在套期保值的实践中,这两种工具的作用与效果却不尽相同。

众所周知,风险是由价格的不确定变动所引起的。所谓价格的不确定变动,是指在未来某一时间,价格既可能发生有利的变动,也可能发生不利的变动。如果价格发生有利的变动,持有者将获得意外收益;如果价格发生不利的变动,则持有者将遭受意外损失。因此,所谓风险较大,是指获得意外收益的可能性与遭受意外损失的可能性都较大。这种风险,可称之为"对称性风险(symmetric risk)"。

利用外汇期货进行套期保值,实际上就是通过外汇期货交易以抵消这种对称性风险。具体而言,通过外汇期货交易可避免因汇率的不利变动而造成的意外损失,但为了达到这一目的,也必须放弃因汇率的有利变动而带来的额外利益。

与外汇期货的套期保值不同,利用外汇期权进行套期保值,实际上是将对称性风险转换为"不对称性风险（asymmetric risk）"。也就是说,在利用外汇期权进行套期保值时,若汇率发生不利的变动,期权购买者可通过执行期权来避免损失;若汇率发生有利的变动,则期权购买者又可通过放弃期权来保护利益。因此,通过外汇期权交易,既可避免汇率的不利变动所造成的意外损失,又可在相当程度上保住汇率的有利变动而带来的额外利益。

根据这样的分析,似乎利用外汇期权,既可避险保值,又可获利,两全其美,在套期保值中,外汇期权好像比外汇期货更为有利,但事实并非总是如此。

首先,根据原理,通过外汇期货或外汇期权进行套期保值,其目的只是为了避险保值,而不是为了获利。如从保值的角度来说,外汇期货通常比外汇期权更为有效,成本也更为低廉。

其次,在外汇期权交易中要真正做到既避险保值、又获利,事实上也非易事。与外汇期货交易相比,在外汇期权交易中,期权购买者必须对风险和报酬作出更为深入细致的分析,从而选择最适当的交易时机和最合理的价格水平。很显然,这并非一般投资者所能轻而易举地做到的。

因此,外汇期权与外汇期货可谓各有所长,各有所短。在现实的交易活动中,应该将此二者结合起来,通过一定的组合或搭配来实现某一特定的风险管理目标。

# 第四节　互换交易对汇率风险的"双赢"功能

金融互换交易起源于 20 世纪 70 年代英国与美国企业之间安排的英镑与美元平行贷款。

1981 年 8 月由索罗门兄弟公司充当中间人帮助世界银行

发行债券所筹集的 2.9 亿美元与 IBM 公司发行债券所筹集的西德马克和瑞士法郎进行的货币互换,是历史上第一笔货币互换交易。而 1982 年由美国花旗银行和大陆伊丽诺斯公司成功完成的美元 7 年期债券固定利率与浮动利率的互换,则标志着世界上第一笔利率互换交易的产生。

金融互换交易的产生是国际金融领域的重大突破,它的出现为国际资本市场的拓展和融资技术的创新带来了根本性的变化。目前,作为国际金融市场上管理汇率风险的优良通道,互换交易市场得以迅猛发展,参与者越来越多,市场规模也越来越大。近几年每年以约 3.5 万亿美元的速度递增,其年交易额已达 50 万亿美元左右。单从交易量考察,互换交易额已大大超过资本市场上其他衍生金融工具的交易额。

随着互换交易的不断发展,互换衍生品的不断增加,金融互换交易的功能也在不断地被开发出来,且日益受到交易者的青睐。我国加入 WTO 后,金融理论界和实务界对互换衍生交易也越来越关注,2001 年 12 月中国人民银行与泰国银行签署了人民币与泰铢之间相当于 20 亿美元的双边货币互换协议,2002 年 3 月 28 日中国人民银行与日本银行在东京签署了人民币与日元之间相当于 30 亿美元的双边货币互换协议,中国还将与韩国等一些国家签署货币互换协议,互换交易在我国金融领域的运用将会越来越广。

## 一、互换交易对汇率风险的"双赢"功能

如前所述,互换交易自出现以来在国际金融领域得到了迅猛的发展,现在已成为国际金融市场上最大的衍生金融工具之一。

互换交易之所以能获得如此快速的发展,是基于它的基本功能。互换交易的最基本功能是将商品和劳务市场的比较优势

理论延伸到国际资本市场中。根据国际贸易理论中的比较优势理论,认为各国应生产并出口本国具有比较优势的产品,然后去交换本国不具有比较优势的产品,从而使各国都能最大化自己的福利。金融互换交易就是互换双方利用各自的比较优势去借款或投资,然后通过利率互换和货币互换等手段来改变其借款或投资的利率基础或货币种类,其结果是使互换双方都从互换中得利。

这一功能可以运用博弈论方面的知识加以论证和分析。对于一般的交易主体交易者 1 和交易者 2 之间的博弈可如表 5-3 所示。

表 5-3　交易者之间的博弈

| | | 交易者 1 | |
|---|---|---|---|
| | | 互换 | 不互换 |
| 交易者 2 | 互换 | $a_1, a_2$ | 0,0 |
| | 不互换 | 0,0 | 0,0 |

假设不进行互换交易,双方的收益为零;当进行互换交易时,双方的支付量分别为 $a_1$ 和 $a_2$。其中,$a_1 =$ 交易者 1 预期互换后的收益—交易者 1 预期互换前的收益,或者 $a_1 =$ 交易者 1 预期互换前的成本—交易者 1 预期互换后的成本;$a_2 =$ 交易者 2 预期互换后的收益—交易者 2 预期互换前的收益,或者 $a_2 =$ 交易者 2 预期互换前的成本—交易者 2 预期互换后的成本。可见,只要当 $a_1 > 0$ 且 $a_2 > 0$ 时,双方进行互换交易就能达到双赢。

举例说明:1992 年 8 月以中国银行上海分行为中介,上海浦东和广东佛山的两家公司做了一笔 1 亿美元与 5.8 亿人民币的货币互换交易。这是一笔比较成功货币互换,交易双方大大节约了资金成本。具体情况如下:浦东公司可以借到美元贷款,年利率为 4.0625%,但该公司需要的是人民币资金。此时的人民币贷款利率为 8.64%,比美元贷款利率要高出 4.5775%。与此同时,佛山公司在当时市场资金成本相对较高的情况下,能以官方利率借入人民币贷款,但该公司需要大量美元以满足进口结算和购置设备的需要。若在外汇调剂市场上调剂美元,以当时的比价约 1 ∶ 7 计算,公司要拿出 7 亿人民币才能换到所需的 1 亿美元。双方的概况如表 5-4 所示。

表 5-4　浦东公司与佛山公司货币互换概况

| 公司 | 美元 | 人民币 | 比较优势所在 | 需要筹集的货币 |
|---|---|---|---|---|
| 浦东公司 | 4.0625%利息借入 | 8.64%利息借入 | 美元 | 人民币 |
| 佛山公司 | 以 1∶7 的汇率买入 | 以较低的利率借入 | 人民币 | 美元 |

　　双方所需的货币种类是各自的筹资弱项,又恰好是对方的筹资强项。显然这是一个机会,适当的利用就能使双方得利。

　　对此,经中国银行上海分行撮合,两家公司签订了货币互换合约。浦东公司利用自己的优势筹入 1 亿美元交换给佛山公司,而佛山公司相应地筹入 5.8 亿人民币交换给浦东公司,满足各自对资金的需求。互换期限 2 年,互换期间不计利息,即各自支付所筹集资金的利息。

　　这样,浦东公司每年支付所借美元资金的利息为 406.25 万美元,折合人民币 2843.75 万元(按比价 1 ∶ 7 计算)。如果该公司不做互换,则将为换得的 5.8 亿元人民币每年支付利息人民币 5011.2 万元。由此,浦东公司以年付 2843.75 万元的利息成本换得了本需要年支付 5011.2 万元利息的 5.8 亿人民币资金。支付量 $a_1 = 5011.2 - 2843.75 = 2167.45$ 万元 $> 0$,浦东公司得利。

　　佛山公司由于以 5.8 亿人民币而非 7 亿元人民币换得 1 亿美元,节约了 1.2 亿人民币的利息成本,每年为 1036.8 万元,2 年共节约利息成本 2073.6 万元。即支付量 $a_2 = (7-5.8) \times 8.64\% \times 2 = 2073.6$ 万元 $>0$,佛山公司也得利。

　　通过上述案例分析,其交易结果是 $a_1 > 0$;$a_2 > 0$,即两个公司相互利用对方的比较优势达到了"双赢"的目标。

## 二、互换交易能使交易双方提高风险管理效率

　　众所周知,互换交易源自于相应的投资或筹资活动,但又与相应的投资或筹资活动相对独立。因此,企业可以在投资或筹资活动后的任意恰当时候再根据需要进行互换交易,以规避一定的利率风险和汇率风险。

　　然而,由于互换交易通常都是在场外独立进行,外汇银行只是充当中间人,为交易双方提供一定的信息,但不作任何担保和保证。因此,与外汇期货和外汇期权的根本区别在于,互换交易在规避汇率或利率风险的同时,还将面临交易对手的信用风险,一旦对方违约,那就前功尽弃。如果交易对手信誉卓著,则互换交易不仅能较好地规避风险,还能提高对利率或汇率风险的管理效率。

　　以利率互换为例。当一方违约后,另一方将不得不去寻找一个替代者,替代利率和原合约利率之间的差异就被认为是违约风险的量化。当然,这里所指的利率通常是针对于固定利率而言,因为互换交易中的合约浮动利率是随市场利率的变动而定期变动的,其替代浮动利率的成本相对较小。因此,在以下的讨论中,假设无论在任何时刻浮动利率与其替代利率是一致的,不考虑浮动利率的替代成本。

　　在对固定利率的收付双方进行分析之前,先建立如表 5-5 所示的博弈矩阵(假定固定利率>合约利率):

表 5-5　固定利率收付者之间的博弈

| | 交易者 1（固定利率支付者） | | |
|---|---|---|---|
| 交易者 2（固定利率收人者） | | 进行 | 不进行 |
| | 违约 | $a_1+b_1,a_2+b_2$ | 0,0 |
| | 不违约 | $a_1,a_2$ | 0,0 |

假设：

（1）交易者 1 是主动交易者，由他决定是否进行交易，但相应地要承担交易者 2 是否违约的风险；

（2）不进行互换交易的时候，双方的收益为零。进行交易时双方的支付量分别为 $a_1$（$a_1$＝交易者 1 预期互换后的收益－交易者 1 预期互换前的收益，或 $a_1$＝交易者 1 预期互换前的成本－交易者 1 预期互换后的成本），$a_2$（$a_2$＝交易者 2 预期互换后的收益－交易者 2 预期互换前的收益，或 $a_2$＝交易者 2 预期互换前的成本－交易者 2 预期互换后的成本）；

（3）如果交易者 2 违约，交易者 1 的收益或损失为 $b_1$（用替代法计算），交易者 2 的收益或损失为 $b_2$。

显然，以上博弈中的（进行，不违约）的支付函数就是理想状态下的（进行，进行）的支付函数，其分析也相同。

这里的重点是（进行，违约）这一行动组合，在此要分析 $a_1+b_1$ 和 $a_2+b_2$ 的值，具体分以下三种情况：

情况一，当利率＝合约利率时，替代利率与原合约利率相等，也就是说相对于原来未发生任何变化，此时的 $b_1=b_2=0$；

情况二，当利率＜合约利率时，替代利率小于原合约利率，所以 $b_1>0$ 而 $b_2<0$，即 $a_1+b_1>a_1$ 且 $a_2+b_2<a_2$。显然，交易者 2（固定利率收人者）必然会选择不违约，则（进行，违约）不是纳什均衡；

情况三，当利率＞合约利率时，替代利率大于原合约利率，

所以 $b_1<0$ 而 $b_2>0$，即 $a_1+b_1<a_1$ 且 $a_2+b_2>a_2$。显然，交易者 2（固定利率收入者）必然会选择违约，（进行，违约）是纳什均衡。

再假设 $p_1$、$p_2$、$p_3$ 分别为利率＝合约利率、利率＜合约利率、利率＞合约利率三种不同情况出现的概率，则 $p_1+p_2+p_3$ ＝1。那么：

交易者 1 的期望收益为：$p_1\times a_1+p_2\times(a_1+b_1)+p_3\times a_1$ ＝$a_1+p_2\times b_1$；

交易者 2 的期望收益为：$p_1\times a_2+p_2\times(a_2+b_2)+p_3\times a_2$ ＝$a_2+p_2\times b_2$。

以上的博弈分析是在"交易者 1（固定利率支付者）是主动交易者，由他决定是否进行交易，但相应地要承担交易者 2 是否违约的风险"的假设前提下进行的。如果假设交易者 2（固定利率收入者）是主动交易者，由他决定是否进行交易，那么通过同样的推理能得到如下结果：

交易者 1 的期望收益为：$p_1\times a_1+p_2\times a_1+p_3\times(a_1+b_1)$ ＝$a_1+p_3\times b_1$；

交易者 2 的期望收益为：$p_1\times a_2+p_2\times a_2+p_3\times(a_2+b_2)$ ＝$a_2+p_3\times b_2$。

分别将交易者 1 和交易者 2 的期望收益函数相加，可得：

交易者 1 的期望收益为：$a_1+p_2\times b_1+a_1+p_3\times b_1=2a_1+(1-p_1)\times b_1$；

交易者 2 的期望收益为：$a_2+p_2\times b_2+a_2+p_3\times b_2=2a_2+(1-p_1)\times b_2$。

从上面两式可以看出，收益函数与 $p_1$ 成反比关系，说明 $p_1$ 的大小直接影响着交易者的收益。而 $p_1$ 是利率＝合约利率的概率，也可以被看成是利率保持不变的概率。

因此，在利率上下波动幅度较大时，利率＝合约利率（$p_1$）

的概率就比较小,与之成反比的交易者的收益就较大,此时应进行互换交易;相反,在利率变化平稳时,利率＝合约利率($p_1$)的概率大,相应的交易者的收益就小,此时进行互换交易的必要性就较小。可见,在风险相对较大的时候进行互换交易,能使交易双方提高风险管理效率。

综上所述,跨国经营企业应积极运用互换交易,充分发挥金融互换交易的两大基本功能,以规避风险损失,获取风险收益。

# 第五节 综合远期外汇协议对汇率风险的"锁定"功能

## 一、综合远期外汇协议对汇率风险的"锁定"功能

综合远期外汇协议(Synthetic Agreement for Forward Exchange,简称 SAFE)是 20 世纪 80 年代末期发展起来的一种新型衍生金融工具。其工作原理基本类似于远期利率协议(Forward Rate Agreement,简称 FRA),即交易双方以协定汇率为基准,参照市场汇率,给予汇差额的清偿以使将来汇率锁定的一种交易活动。但两者的功能不同,FRA 只能用于单一货币的利率风险管理,而 SAFE 则可对两种或两种以上货币的综合性利率风险进行管理。根据利率平价说原理,两种或两种以上货币利率的相对变化通常表现为汇水或汇率的变化,因此,SAFE 主要用于汇率风险的管理。

SAFE 根据其管理的侧重点不同,具体又可以分为汇率协议(Exchange Rate Agreement,简称 ERA)和远期外汇协议(Forward Exchange Agreement,简称 FXA)。ERA 和 FXA 的交易期限、交割时间都与 FRA 相似,唯交易额为汇率差额,交

易对象为基准货币,计价货币为报价货币,买方为交割日购进基准货币、到期日再名义上出售的一方,卖方则反之。

但 ERA 和 FXA 这两者之间唯一的区别在于:前者仅对远期汇率的变化(汇水变动)采用协议防范或规避,后者不仅对远期汇率的变化,而且对即期汇率的波动(汇率变动)也采用协议方式进行防范或规避。为便于比较分析其区别所在,现以一案例来加以说明。

若某一年的初始市场汇(利)率如表 5-6 所示,1 个月后的市场汇(利)率如表 5-7 所示。

表 5-6　初始的市场汇(利)率

|  | 即期汇率 | 1 个月 | 4 个月 | 1／4 月 |
|---|---|---|---|---|
| 欧元/美元 | 1.5550 | 30/50 | 165/185 | 115/155 |
| 欧元利率 | — | 0.750% | 1.000% | 1.125% |
| 美元利率 | — | 2.125% | 2.250% | 2.500% |

表 5-7　1 个月后的市场汇(利)率

|  | 即期汇率 | 3 个月 |
|---|---|---|
| 欧元/美元 | 1.5950 | 172/198 |
| 欧元利率 | — | 1.250% |
| 美元利率 | — | 2.75% |

假设某进出口贸易商甲因进出口贸易收付货款的需要,原来计划在基础金融市场做的一笔复远期外汇套期交易为:即期卖 1 月期欧元 1000 万、价 1.5580,同时买 4 月期欧元 1000 万、价 1.5735。显然,这笔交易将造成 155 点(1.5735—1.5580)的亏损。

为弥补这一亏损,甲可根据对 1 个月后市场汇(利)率的预期,做一笔反方向的避险保值交易,且通过 SAFE 形式只涉及汇(利)率差额,不涉及本金往来。

由于 1 个月后两币利差将扩大,欧元升水幅度也将随之增加。因此,甲可以在即期通过外汇银行牵头与乙签订一份"1×4"的 SAFE 协议,买 1 月市场即期欧元 1000 万、价 1.5580(协议价),同时卖 4 月市场欧元 1000 万、价 1.5735(协议价),汇水额为 155 点(协议价),这样刚好用以弥补原复远期交易的亏损。

若此 SAFE 协议采用 ERA 协议形式,只关心利率变化所引起的汇水变化。那么,根据 1 个月后的市场汇(利)率,可发现在 1 个月后的市场即期买欧元、3 月期卖欧元的汇水变为 172 点。由此,将产生的汇差额为:

$$汇差额 = \frac{1000\ 万欧元 \times (0.0172 - 0.0155)}{1 + (2.75\% \div 4)}$$
$$= 1.6884(万美元)$$

可见,商人甲的预期比较准确,1 个月后汇水果然增加到 172 点,不仅弥补了 155 点的亏损,而且还有盈利 17 点。但根据 SAFE 原理,甲必须将此汇差额的折现值 1.6884 万美元在合约生效日支付给乙,以锁定其预期汇水(即利差额),达到避险保值目的。

若此 SAFE 协议采用 FXA 协议形式,即不仅单纯考虑其汇水变动,而且侧重关注具体汇率的约定与变化。那么,根据 1 个月后的市场汇(利)率,可注意到 1 个月后汇率分别变为:1 月后的市场即期买欧元,价为 1.5950,3 月期卖欧元,价为 1.6122。由此产生的汇差额为:

$$汇差额 = \frac{1000\ 万欧元 \times (1.6122 - 1.5735)}{1 + (2.75\% \div 4)}$$
$$- 1000\ 万欧元 \times (1.5950 - 1.5580)$$
$$= 1.4358(万美元)$$

这说明商人甲的预期确实准确,根据 1 个月后变化了的汇率进行欧元即期与远期买卖,能收入的美元减少,但付出的美元更少,产生 1.4358 万美元的汇差额,但根据 SAFE 精神,必须将这笔汇差额支付给乙。

从上述案例中,可以明显地发现 ERA 与 FXA 所产生的汇差额不尽相同,前者为 1.6884 万美元,后者为 1.4358 万美元。造成这一差异的主要原因在于两币利差的变化,欧元的预期利率由初始时的 1.125% 变为 1.25%,而美元的预期利率由初始时的 2.50% 变为 2.75%,两币之间的利差由 1.375% 扩大为1.50%。利差的扩大首先引发汇水的变动,而实际利率的变化不仅影响汇水,同时也会影响到实际汇率变化。

由此可见,ERA 更适用于利率风险管理,而 FXA 则偏向于利率变化所引发的汇率风险管理,跨国经营企业可根据实际情况作出不同的选择。

## 二、综合远期外汇协议对汇率风险"锁定"功能的独特之处

从上述案例分析中,可以看出无论是甲支付汇差额给乙,还是乙支付汇差额给甲,通过 SAFE 形式,交易双方都将汇率锁定在 155 点(汇水)或 1.5580(1 月期买价)、1.5735(4 月期卖价)这一协议汇率水平上。其对汇率风险的"锁定"功能似一般远期又非一般远期、似外汇期货又非外汇期货、似外汇期权又非外汇期权,自有其独特之处。

### (一)似一般远期又非一般远期

SAFE 似一般远期交易之处在于,两者都最终将交割汇率固定在双方议定的协议汇率水平。而其非一般远期之处则在于:一般远期交易中,合约生效时买卖双方交易的对象直接指向协议所约定的本金额,协议汇率仅仅是他们的交易价格,其旨在

本金而非汇差;而 SAFE 合约生效时,买卖双方交易的对象则是协议汇率与市场汇率不同时所产生的汇差额,其旨在汇差而非本金,双方并不发生本金往来,清算的仅仅是汇差额。

**(二)似外汇期货又非外汇期货**

SAFE 似外汇期货之处在于,两者都以汇率为交易对象。但仔细分析却又大不相同:

(1)外汇期货通常是场内交易,其交易主体、对象、金额及交割期限等都有明确规定,比较规范。而 SAFE 一般做场外交易(Over the Counter,即 OTC 交易),由银行充当中介,其交易主体、对象、金额及交割时间等根据需要而设定,比较自由、方便、灵活;

(2)外汇期货合约的处理方法有两种,即对冲和交割。而 SAFE 合约的处理方法只有一种,即在合约生效日进行汇差额的清算;

(3)外汇期货无论是在"对冲"交易、还是在到期"交割"时,都是连本金带汇差一起清算,只不过"对冲"交易最终收付的是汇差额,而"交割"最终收付的是本金及汇差额。而 SAFE 最终收付的只是汇差额。

**(三)似外汇期权又非外汇期权**

SAFE 似外汇期权之处只在于,当外汇期权的买方决定在合约到期日决定执行合约时,买卖双方之间进行的清算行为。但两者在清算对象、权限、时间等许多方面仍存在着明显的区别:

(1)外汇期权的清算对象实际上仍然是连本金带汇差,其汇差额的产生取决于期权买方在执行合约的同时、再在市场上另做一笔反方向的交易,两笔交易才会带来汇差。而 SAFE 只需一笔交易且仅有汇差清算而无本金往来;

（2）由于期权价格的收付,使得外汇期权买卖双方之间的权利与义务是不对等的,买方拥有执行或不执行合约、进行或不进行清算的权利,卖方对此只有义务没有权利。而 SAFE 的买卖双方之间的权利与义务是完全对等的,如上例中,甲可以支付汇差额给乙,乙也可以支付汇差额给甲,双方是平等的;

（3）外汇期权的清算时间分欧式期权和美式期权两种情况,欧式期权的清算时间通常是固定的,这一点与 SAFE 相似,但前者一般固定在合约到期日,而后者则固定在合约生效日。美式期权的清算时间是不固定的,买方可以在合约到期日或之前的任何一天要求进行清算,这一点则与 SAFE 完全不同。

综上所述,SAFE 作为一种新型的融投资工具,它既吸收了一般远期的"锁定"功能、外汇期货的"对冲"便利以及外汇期权的"行权"功能,同时又规避了一般远期的本金往来（借贷）、外汇期货"以小搏大"的风险和外汇期权行权时买卖双方权利与义务不对等的种种弊端。由此可见,SAFE 是一种较理想的风险管理工具,值得跨国经营企业合理运用和推广。

# 第六章　运用衍生金融工具管理汇率风险现状分析

中国的金融衍生品发展属于先开办后立法、边开办边立法的模式。这样的发展模式,使得衍生品交易风波迭起、险象环生,走过了许多弯路。这是中国衍生品市场发展的特殊性,考察和研究中国跨国经营企业运用衍生金融品的现状,必须立足于这一现实。

## 第一节　衍生金融工具在中国的发展历程

### 一、国际社会衍生金融工具发展的三种模式

如前所述,衍生金融工具是在 20 世纪 70 年代以来国际金融市场变化日趋动荡,利率、汇率以及股价等金融资产价格波动非常剧烈的背景下,为了适应投资者进行套期保值、转移和规避风险的需要而产生的。

由于衍生金融工具交易成本低、流动性强,能有效地规避风险,因而迅速成为投资者进行风险管理的重要工具。同时金融市场价格的不确定性及衍生金融工具的高杠杆性,也为投机者提供了极好的投机机会。

因此,衍生金融工具开始在国际金融界运用后即得到迅速发展。从历史和世界范围来分析,衍生金融品及其监管制度的发展主要有三种模式。

（一）边开办,边立法

基础金融工具市场随着空间上的延伸和数量上的放大而渐趋成熟。由于影响基础金融工具价格因素的变化引致价格波动频繁甚至剧烈,经济主体迫切需要能规避风险且能对未来资产安排有预期作用的制度,衍生金融品就是适应这种需要缓慢而有序地在实践中发展起来的,这种发展模式的最典型的代表是美国。

美国作为衍生品市场的先驱,没有任何现成的经验可以借鉴,只能走"边开办,边立法"的路子,摸索着前行。

（二）先立法,后开办

一国（地区）的基础金融工具市场发展比较成熟,有避险的内在要求,在充分吸收国外衍生品市场及其监管制度精华的基础上,结合本国（本地区）的实际情况先制定有关的法律、法规和管理条例,成立相应的监管组织,培训从业人员并进行模拟操作,然后开展衍生品交易,取得了较好的经济效果和社会效果。选择这种发展模式的国家（地区）是那些后来开办衍生品市场的国家（地区）,如20世纪80年代的新加坡和中国香港地区等。

采取这种发展模式的国家（地区）充分借鉴别国的经验和教训,走一条"先立法,后开办"的路子,可以以较高的起点跨过衍生品市场自发发展的若干阶段,避免失误造成不必要的损失,赢得时间,取得后发性利益。

在衍生品交易的各项法律法规日臻完善的当今,走"先立法,后开办"的发展模式应该是普遍适用的。

### (三)先开办后立法,边开办边立法

一国(地区)的基础金融工具市场已有一定的发展,经济运行内部存在着避险的冲动,随着与世界经济的日益接轨以及境外衍生品知识的传播和渗透,降低了人们对建立衍生品市场的认识成本,一些"敢为人先"的人们在利益的驱使下从境外搬来了衍生品交易的形式,但却没有立法的准备,亦无有效的监管组织,交易场所的自我管理极其薄弱,这就是"先开办后立法,边开办边立法"的发展模式。中国内地的金融衍生品发展走的就是这条道路。

正如前面所说,这样的发展模式,不仅没能充分享受衍生品市场的"后发利益",而且可能导致衍生品交易风波迭起、险象环生,走过许多弯路。这是中国内地衍生品市场发展的特殊性,考察和研究中国内地衍生品的现状和未来就必须立足于这个现实。

## 二、衍生金融工具在中国的发展历程

中国企业大约于 1984 年开始涉足衍生金融工具交易。中国银行是第一家从事这种业务的企业,当时它主要是接受委托代理客户从事境外一些外汇衍生工具的交易。

到 20 世纪 80 年代末,出现了一批外汇期货经纪公司,代理国内客户在境外进行外汇期货交易。但是,这些境外的外汇期货交易并不规范,其中多数公司不具备境外市场操作的资格和能力,有关部门又监管不力,许多经纪公司常常以交易的内部"对冲"来欺骗客户。最终使那些出于投机目的而参与交易的一些企业,由于缺乏经验、专业判断能力差、风险防范能力弱而遭受了严重的损失。

1993 年 5 月,国家外汇管理局下令查封所有非法外汇交易机构。1995 年 6 月,中国人民银行又发出通知规定,国内金融机构只有在符合有关规定并经批准的情况下才可根据实际需

要,适当地进行避险性境外外汇衍生工具交易。根据这项规定,国内金融机构出于资产负债管理的目的,在国际市场上从事衍生金融工具交易的品种主要是货币掉期和利率掉期等。国内的一些大企业为规避汇率等方面的风险,也委托金融机构在国际市场上进行一些套期保值性质的衍生交易。

事实上,境外的外汇期货交易还不能真正算作是我国金融市场上的衍生金融工具交易,立足于国内市场的衍生金融工具交易始于1991年8月琼能源发行的可转换债券。此后,随着衍生金融工具在国际金融市场上的不断创新和我国经济改革的深化、金融市场的发展,衍生金融工具开始在我国逐步得到运用和推广,陆续出现了外汇期货、股指期货、国债回购、国债期货、认股权证、外汇远期、股票期权等一系列衍生金融工具。

由于衍生金融工具在我国起步较晚,有关的理论研究滞后于实际运用,由此造成了人们对衍生金融工具认识的不足和相关管理规范的空缺,既无有关部门的交易监管又无相应的会计制度和会计准则方面的规范,加之我国基础金融市场本身欠成熟,使得衍生金融工具这种高风险的金融业务在随后的运用过程中出现了许多重大问题,如著名的"327事件"、"中航油事件"等。

迄今为止,中国多数衍生金融工具的出现、运用和发展都经历了断断续续、停停开开、一波三折的历程。

**(一)外汇期货**

外汇期货由上海外汇调剂中心于1992年7月率先挂牌推出。尔后,北京商品交易所也推出了人民币汇率(与美元相比较)期货,交易品种包括人民币与美元、英镑、德国马克、日元和港币的期货买卖。该品种用人民币做交易保证金、清算交易的盈亏、进行到期合约的交割。

从本质上讲,人民币汇率期货属于外汇期货。但由于当时的汇率实际上实行的是"双轨制",外汇期货的价格形成难以直接反映对汇率变动的预期。况且当时我国的外汇现货市场还极不成熟,外汇买卖要受计划限制,加上缺乏成熟的市场参与者,外汇期货的需求清淡,使外汇期货交易一直处于低迷状态。

我国对外汇期货交易采取了严格的管理办法,原则上禁止投机交易。1993 年 7 月,国家外汇管理局专门发出《关于加强外汇(期货)交易管理的通知》。该通知规定:办理外汇(期货)交易仅限于广州、深圳、上海(〔93〕汇业函字第 122 号增补)的金融机构进行试点,其余各地已设立的外汇(期货)交易机构必须停止外汇(期货)交易;金融机构办理外汇(期货)交易必须按照有关规定办理,并以企业进出口贸易支付和外汇保值为目的,不得引导企业和个人进行外汇(期货)投机交易,严禁买空卖空的投机行为。1994 年 5 月 16 日,国务院办公厅转发国务院证券委员会"关于坚决制止期货市场盲目发展若干意见请示的通知"(国办发〔1994〕69 号文件)。根据该通知的相关规定,在国家外汇管理局与中国证监会有关人民币对外汇的汇率期货业务的管理办法出台之前,任何机构都不得开办外汇期货,违者一律予以关闭。

1997 年 4 月,为了进一步发展我国外汇市场,为国内企业提供规避汇率风险的手段,经中国人民银行批准,中国银行在北京、天津、山东、浙江等省市 12 家分行和总行开始试办具有中国特色的类似远期合约交易的人民币远期结售汇业务。从 1998 年 1 月起,中行已在全辖所有分支机构全面开办远期结售汇业务。目前,另有一些商业银行也已开办或准备开办远期结售汇业务。但考虑到我国外汇管理体制的实际情况,远期结售汇业务有一些限制性条件,主要是:限于规避汇率风险和禁止投机,必须具备真实的交易背景才能办理远期结售汇;交易主体的一方必须是企业等法人单位,另一方是国家指定的银行;等等。

由于客观原因,直到 2004 年 3 月 1 日起,由中国银行监督管理委员会签署并同意实行的《金融机构衍生产品交易业务管理暂行办法》,才为我国金融机构从事金融期货等金融衍生交易提供了政策许可。

2006 年 6 月 18 日,中国建设银行率先在上海推出个人远期外汇买卖业务。

(二)外汇期权

中国银行上海分行于 2002 年 12 月 12 日推出的外汇"两得宝"标志着外汇期权开始在国内试行。随之,招商银行、建设银行等商业银行也先后推出了个人外汇期权交易。

(三)互换交易

1992 年 8 月,中国银行上海分行充当中介,帮助上海浦东和广东佛山的两家公司成功地完成了国内第一笔 1 亿美元与5.8 亿人民币的货币互换交易。

20 世纪 90 年代中期,宝钢股份的前身宝钢集团就通过货币互换的方式成功地避免了当年因日元汇率上升而带来的日元贷款汇率风险。2002 年,与法资银行又成功地签署了一份价值千万美元的外汇贷款利率掉期协议。

但这样的成功案例较为鲜见,国内的互换交易尚未形成市场。

(四)国债期货

我国首张国债期货合约于 1992 年 12 月由上海证券交易所推出,并制定了国债期货交易的规则。如代理商应具备资本金在 1000 万元以上;证券经营连续盈利两年以上;拥有独立的期货交易席位、专门的业务部门和人员;代理商开仓时须按每个合约 200 元(合约面值 1%)向交易所交纳保证金,客户开仓时须每个合约 500 元(合约面值的 2.5%)向代理商交纳保证金;

等等。

在国债期货刚推出时,由于社会对此认识不一致,参与者甚少,交易极不活跃,这种状况持续到1994年上半年,为了国债发行的需要,管理层采取了包括降低交易保证金率和放宽进入限制等措施来激活市场。从1994年下半年开始,国债期货开始升温,从事国债期货交易的集中交易市场已增到8家,分别是上海证券交易所、深圳证券交易所、北京商品交易所、沈阳商品交易所、郑州商品交易所、广东联合期货交易所、海南中商期货交易所和武汉证券交易中心。其中以上海证券交易所、深圳证券交易所、北京商品交易所、武汉证券交易中心为主。

由于没有法规的制约,没有统一的监管机构,更是由于交易场所风险意识淡薄和合约设计中的低保证金率、有的甚至没有涨跌停限制,以及交割制度的缺陷,终于酿成震惊中外的"314合同交割违规风波",随后不久又发生了"327合约违规事件"和"319风波"。这一系列事件导致国债期货交易于1995年5月被勒令暂停,至今仍未重开。

### (五)股价指数期货

我国正规的集中的股票交易发端于1990年12月19日开业的上海证券交易所,上证综合指数从1991年7月15日开始对外发布;次年的4月3日深圳证券交易所开业,深证综合指数亦从1991年7月开始发布。在我国影响比较大的股价指数有上证综合指数、上证30指数、深圳综合指数和深圳成份指数等。

股价指数期货交易最初由海南证券交易中心于1993年1月5日挂牌交易,所推出的期货合约共有6个,即深证综合指数当月、次月、隔月合约,深圳A股指数当月、次月、隔月合约。

由于当时我国股市才建立2年,股票资源非常有限,上市公司数量少,股票总市值也很小,股票市场很不成熟,有关证券期货的监管法规还不完善,非常容易出现过度投机、违规操作等现象。结果时隔不久就发生了深圳平安保险公司福田证券部大户联手操作、打压股指的投机行为,给深圳股市带来了很大的负面影响。于是,证券管理部门决定停止深市股指期货交易。1993年9月底,深市股指期货被全部强制平仓、停止交易。

### (六)可转换债券

可转换债券是一种混合型(基本金融工具与金融期权的结合体)的衍生金融工具,它可以降低发行人的融资成本,改变资本结构,增强抵御风险的能力。对于投资者来说,可转换债券可使其获得股票期权。

我国是随着股票市场的建立,从1991年8月起先后在境内、外发行了琼能源、成都工益、深宝安、中纺机、深南玻、虹桥机场等可转换债券。起初,由于缺乏经验、操作不规范等原因,最终转股成功的债券很少。1996年4月,国务院证券委提出,选择有条件的股份有限公司进行可转换债券的试点,后来又颁布实施了具体的管理办法,人们对可转换债券的特点和规律也有了较深刻的认识,此后转股工作都较为顺利,可转换债券正逐步走向成熟。

### (七)认股权证

1992年11月,我国发行了第一只认股权证——宝安认股权证,接着又先后发行了夏海发、闽闽东、湘中意、吉轻工等随后在深交所上市流通的认股权证。

当时,由于我国股票市场的体制问题,流通股与非流通股同时存在,同股不同权,影响了认股权证作用的发挥。同时,由于有关法规不配套、不协调,市场的投机气氛又非常浓重,使认股权证被大肆炒作,给社会带来了许多负面效应。因此,于1996年6月30日被全部摘牌。

### (八)股票期权

近年来在我国上海、武汉等城市实施的股票期权是一种经营者股票期权,它是一种激励机制,目的是最大限度地调动管理者的积极性。

由于我国股票市场仍属弱式有效,股票期权的股票来源要受现行有关法规的限制,与股票期权会计核算和信息披露相关的会计规范还有待进一步探讨和试行,价格操纵现象严重,股票价格不能真实反映公司的业绩,股票期权的有效性还有待验证。因此,目前我国股票期权仍处于尝试和探索阶段,真正推行股票期权还面临许多实际问题。

综上所述,虽然我国大多数衍生金融工具交易被先后停止,但不能否认我国对衍生金融工具一定程度的现实需要。比如,与证券相关的风险有可分散风险和不可分散风险。可分散风险是发生在个别公司的风险,可以通过有效的证券组合将它分散掉;不可分散风险与国家经济政策、经济前景及市场周期等宏观因素密切相关,它会对股票市场所有证券产生影响,又称系统风险。这种风险无法利用证券组合进行分散,但可以通过股指期货得以规避。我国股票市场价格波动一直较为频繁,波动幅度也较大,而且不可分散风险在股票市场上占了主导地位,使任何股票组合都仍将面临较大的风险。因此,就我国股票市场的现实需要来看,加强对股指期货的研究,逐步完善股指期货市场的各种条件,适时地推出中国的股指期货对于企业规避股票投资风险、减少股市波动具有十分重要的现实意义。另据有关资料表明,花旗等外资银行利用其境外业务优势早已在中国打开了个人外汇资产理财的"擦边球",一系列需要"运用金融衍生工具使外汇资产保值增值"的金融产品也已被一些商业银行采用各种方式推出,并正在实践着。

# 第二节　跨国经营企业运用衍生金融工具管理汇率风险的动因分析

尽管衍生金融工具本身没有任何价值,但在波动性的市场环境下它能发挥出独特的管理风险的功能和作用。Alan Greenspan 在 1994 年明确表示:"有人认为银行监督者的任务就是使风险最小或根除风险,我认为是错误的。有人愿意承担风险是必要的,如果机构、个人都投资于无风险资产,那么业务潜在成长性就永远无法实现。"运用衍生工具进行套期保值活动本身并不能降低拥有的波动性资产所带来的风险,但可以清晰地表明每个投资者对于未来的预期,并进行适当的管理。因此,跨国经营企业才会大量地运用衍生金融工具进行套期保值活动。

目前,全球每天大约有 10 万亿美元的衍生金融交易量。对于跨国经营企业运用衍生金融工具管理汇率风险的基本动因,不同学者提出了不同的观点和看法。

## 一、西方学者的观点

对于跨国经营企业运用衍生工具进行套期保值活动的基本动因,西方学者分别提出了三种不同的理论观点。

### (一)税负激励假说

Smith 和 Stulz(1985)提出一个假设:公司可能会因为税负凸性效应而采用套期保值活动,因为不采用套期保值的成本过于昂贵,采用才是最优的选择。

在 1998 年美国财务会计准则委员会公布第 133 号准则公布后,Graham 和 Rogers(2002)详细分析了税负激励作用,认为税负激励来自两个方面：一是可以增加公司负债能力和利息的税负扣减额；二是可以减少预期税负。而税负激励对公司运用衍生工具进行套期保值活动的影响程度是：套期保值活动增加了公司的负债能力，税收利得是公司价值平均值的 1.1%，同时也指出公司因预期财务困境成本和公司规模而采用衍生工具进行套期保值。

稍早的 Stulz(1996)观点与此相符，并且进一步指出，公司运用套期保值活动来减少所谓的公司未来价值不确定性"厚尾"结果的概率。

以上假说得到了 Ross(1997)和 Leland(1998)等人的支持。

这种假说从公司理财方面有可取之处，但是并没有揭示出公司运用套期保值的决定权和执行权的分野，即未能揭示在这种决定背后究竟出于何种动机，只是验证了公司应该运用衍生金融工具进行套期保值，以取得较好的效果，似乎有因果颠倒之嫌。

### (二)公司管理层决定论

Smith 和 Stulz(1985)的观点是，管理层本身的财富对公司股价上升敏感度高时，管理层会决定多采用衍生工具进行套期保值活动；如果管理层本身财富对公司股票波动性的敏感度增加时，管理层则倾向于更少地进行套期保值。

Rajgopal 和 Shevlin(2000)在特定行业——石油与天然气制造商——检验了这一理论，发现公司进行套期保值活动的程度与管理层的股票期权证券组合对公司股票回报的波动性之间的敏感度呈负相关关系。

就这一问题，Carpenter(2000)，Lambert、Larcher 和 Verrecchia 等(1991)都对管理层股票期权在管理层决定中的核心作用进行了讨论，认为股票期权的激励来自两个方面：一是对股票回报波动性的敏感度；二是对股票价格的敏感度。两个相反的激励作用会促使公司管理层决定更多或更少地采用衍生工具进行套期保值。

作者认为这种观点是从动机的源头出发,解释了错综复杂现象背后的本质问题,但是就具体情况而言,未能做具体的分析,这是唯一遗憾之处。

### (三)市场环境论

由于不同衍生交易市场的运作机理不尽相同,国外的专家学者分别对不同的衍生交易市场进行分析和研究。

首先,以期权市场为例。较早时,有人对期权进入证券市场一直持有异见。Neuberger 和 Hodges(2002)通过建立一个证券市场模型加以检验和分析。假设单一风险资产具有随机波动性,那么,投资者各种投资结果的机会概率取决于对期权合约种类的选择。然而,检验的结果在某种程度上不那么令人满意:通过期权来增加的机会配置利得很小,风险调整后的预期回报率只是增长了 0.1% 或更少。

Neuberger 和 Hodges 的证券市场模型是基于以下假设而建立的:(1)不存在市场摩擦;(2)投资者可以分类考察;(3)每个投资者都有权(或部分地)对本身证券组合消费做主;(4)投资者认为证券消费价格都是可以接受的;(5)风险回避者一般选择买卖证券市场价格指数。但事实上,这样的假设在现实中是难以成立的。假设(1)中所谓的"市场摩擦"是指包含买卖基础金融工具的成本、借贷成本、短缺成本、税收作用、有限的市场深度、信息不完全等,这样的理想情况是不存在的。因此,只能像 Grossman(1988)指出的,由于期权的存在,减少或尽量消除"市场摩擦"。一个广为接受的观点是:期权有重要作用,因为它可以帮助证券市场更为彻底,即通过扩展可行的证券组合策略而使投资者拥有更多的选择和更广的操作空间。

其次,以互换市场为例来考察公司运用衍生工具进行套期保值活动的业绩表现。Mozumder(2001)通过对公司转嫁风险和进行套期保值激励之间的比较发现,由于市场环境存在着以下假设:(1)市场失灵和投机盛行;(2)互换市场投机的控制一般弱化;(3)债务、互换合约的相对高级复杂;(4)在市场信息不对称条件下,投机或转嫁风险的违约风险很小(Hentschel 和 Smith,1997)。因此,在各种情况下公司都会对跨期的投融资活动进行套期保值活动,即使在单一投资期下和没有激励计划时也一样。

市场环境论在理论上具有系统性,关于市场的假设是经得起检验的,实践中也是可行的。但是笔者认为这一观点仍然没有触及到问题的核心:

(1)市场环境从根本上讲是一个外部因素,它会对公司行为产生影响,但不是决定性因素,因为在市场上进行交易的是以公司为单位的个体;

(2)公司面临的市场环境类似,但是为什么在运用衍生工具进行套期保值方面却差异巨大呢?

(3)忽视了公司本身作为主体的能动作用,没有它们的积极参与,市场运作就将空白,新工具的开发将丧失动力源泉。

## 二、笔者的观点

笔者经过研究和分析,基本赞同公司管理层决定论,认为在对运用衍生金融工具进行套期保值活动的动因分析中,公司管理层是核心,起着关键作用。

其理由表现在以下三个方面。

### (一)外部因素不能取代公司管理层的核心作用

首先是因为金融创新速度过快和金融管制滞后。根据麦金农和肖的金融深化和金融发展理论,当发展中国家一旦解除不必要的金融管制,开放金融市场,实现金融市场经营主体多元化,使融资活动、投资活动活跃起来,其金融创新的速度将是一日千里的。

证券市场深化可以分为三个层次:一是规模扩大,具体表现为资本配置市场总值在 GDP 中的比例扩大等;二是结构延伸,表现为市场结构随社会分工深化、细化,新的金融工具不断地被开发出来;三是机制增强,市场机制在证券市场运作管理中发挥基础性配置作用。在各种衍生金融工具被迅速推出、交易活动日益频繁时,相应的管制又将出现。但严肃或过于谨慎的监管者只是根据只言片语或出于本能的监管冲动而仓促地制订游戏规则,Hentschel 和 Kothari(2001)曾对 425 家美国公司进行调查分析,其结果是由于衍生工具导致更高的风险——持有大量衍生工具头寸——的相关研究表明,广为流传的用衍生工具来进行投机的关注是没有事实根据的(不管实际的情况是怎么样的)。越来越多的质疑声音出现,看似严厉整顿措施和周密的规则之后依然是一系列的难堪,监管者完全应该在技术层面和信息披露程度上增加力度,否则,越来越多的质疑声将使现有规则和相关制度面临一系列的难堪和尴尬。由此可见,外部因素不能取代公司管理层的核心作用。

其次是因为众多中小投资者的权益有限。这一论断是基于这样的原因:防火墙或隔断效应发挥了作用,从而使中小投资者无法真正接触和知晓公司真实的经济状况和管理层的真实业绩表现,公司管理层始终是核心,起着关键作用。

**(二)管理层运用衍生金融工具进行套期保值能有效管理行业风险**

Tufano(1996)对采金业进行了详细的风险管理研究,认为公司管理层运用衍生金融工具进行套期保值降低了行业风险。在进行风险管理时,管理者无疑是决策制定者和执行者。很多"收益平稳化"的拥护者愿意运用衍生金融工具进行套期保值或投机。

Nance、Smith 和 Smithson(1993)给出了 169 个美国公司的运用衍生金融工具进行套期保值的样本。

而 Mian(1996)则调查了 1636 个公司的 1991 年的年报数据,用以反映运用衍生金融工具进行套期保值的情况。

由此说明,管理层运用衍生工具进行套期保值已经获得了惊人的增长,内部风险管理有了更多的选择机会。

### (三)公司管理层的个人偏好决定

在成熟的经理人市场假设中,公司都会向帕累托最优均衡趋近,John Maynard Keynes 认为,如果人的本性对于碰运气毫无兴趣的话,在人们仅仅冷静地进行一些分析和计算的情况下,将不会有如此多的投资活动。Peter L. Bernstein(1996)则认为,在理性行为的概念重新流行的时候,变量经常主宰着直觉,理性的人通过信息来做决定,而不是通过突发奇想、情感和习惯,一旦他们分析了所有可获得的信息,他们会根据偏好做出决定,他们希望拥有更多的财富,渴望效用最大化。但是,他们是伯努利意义上的风险厌恶者,即财富的边际效用和已拥有的数量成反比。因此,公司管理层将偏好于运用衍生工具进行套期保值。

综上所述,管理层是运用衍生工具以实现套期保值的决定性力量,平滑公司利润的激励是最重要的(Barton,2001),其次则包括减少公司所得税负与融资成本,避开低效率投资与收益过分波动,缓解因分散化策略不够充分而带来的损失等。

但是,公司管理层决定论的成立应满足以下两个潜在的或必要的假设前提:

第一,存在一个完全的经理人市场。即股票持有者可以在研究管理层业绩之后知道一个或几个经理并不能有效运用衍生工具进行套期保值或管理公司风险,那么可以花费很小成本从经理人市场上得到高于或不低于现在管理层能力的新的管理团队。无论从短期还是从长期来看，公司都可以将管理层看作一个稳定或接近稳定（虽然有不定期的流动）的状态，即可以持续地用不低于平均水平或更高水平来运用衍生工具进行套期保值；

第二，管理层具有主观能动性。他们可以积极或消极地做出现代委托——代理理论下合理的决策。因为建立在理性人的理论基础上，管理层是以"声誉"来衡量其能力和财富的。因此，管理层自身财富最大化与公司股票持有者财富最大化之间的重复博弈中不会轻易选择那种两败俱伤的极端情况。管理层深知公司的经济状况，同时更为熟知如何运用衍生工具进行套期保值或投机。

# 第三节　衍生金融工具在中国运用的基本现状

近年来，随着金融体制改革的进行，利率市场化进程的加快，汇率制度改革的启动及进一步深化，资本市场的新一轮改革调整等，标志着我国衍生金融产品产生与发展的契机已经到来。

为了解衍生金融产品在国内的运用状况，笔者曾对信息产业企业近五年来进出口贸易总额或利用外资排名前 100 位的企业进行抽样问卷调查和实地考察，同时对国内主要商业银行运用衍生金融工具的现状也进行了系列问卷调查。

调查内容涉及企业所从事的跨国经营业务的基本概况、对汇率风险的管理情况和金融衍生工具的运用状况三大部分，共计 30 个小问题（详见本章后的附件 1 和附件 2）。根据回收的问卷分析，被调查对象普遍存在着对金融衍生工具利用率低、品种单一、缺乏专门机构和人员管理等问题。

## 一、跨国经营企业使用衍生金融工具的基本状况

本次调查共发出问卷 100 份,回收问卷 87 份。在详细分析回收的调研问卷后,筛选了 76 份有效问卷。统计并综合分析这 76 份调研问卷,大致得出我国跨国经营企业使用衍生金融工具的基本现状。

样本企业进出口等业务的主要交易货币大多集中在以下几个币种:美元(93.75％)、欧元(68.75％)、港元(68.75％)、日元(37.5％)、澳元(25％)和英镑(12.5％),如图 6-1。同时,其主要融资方式是银行贷款(100％)、集资(50％)、国内发行债券(18.75％)和其他(12.5％)等,如图 6-2。

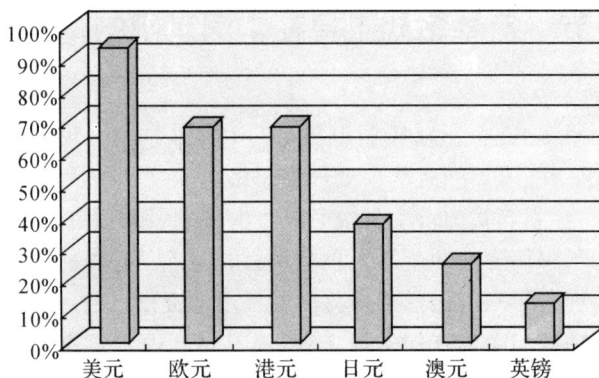

图 6-1　企业进出口业务使用货币种类情况

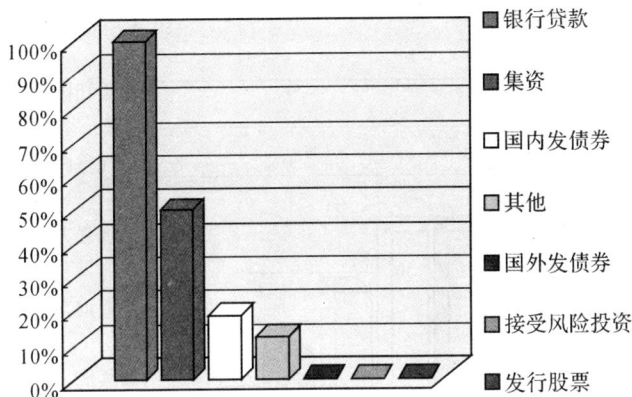

图 6-2　企业主要融资方式

## (一)关于企业汇率风险管理情况

1.企业是否已经对汇率风险进行管理

在 76 家被调查企业中,有 57 家企业已经意识到他们正面临着汇率风险,并已采取措施管理汇率风险,如图 6-3。

□企业已经对汇率风险进行管理
■企业没有对汇率风险进行管理

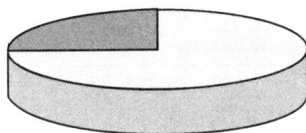

图 6-3　企业管理汇率风险情况

2.企业认为汇率风险管理的有效途径

在 5 个备选项和 1 个补充项(可多选)中,委托银行管理汇率风险的方式被企业认为是最有效的管理途径(68.75%),其他选项排列依次为:加强内部控制(43.75%)、加强内部人才培养

(43.75％)、咨询专家意见(31.25％)、其他(18.75％)、应用 DFI
(12.5％)，如图 6-4。

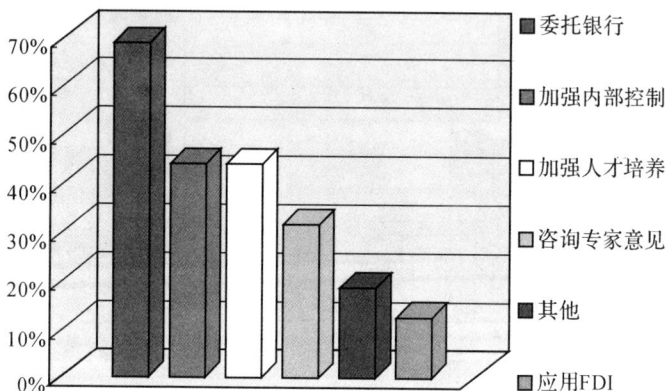

**图 6-4　企业汇率风险管理的途径**

3.企业现有汇率风险管理机制

统计结果显示,高达 92％的被调查企业选择了委托银行进
行汇率风险管理,58％的被调查企业内部设有风险管理部门,
25％的被调查企业选择其他,如图 6-5。

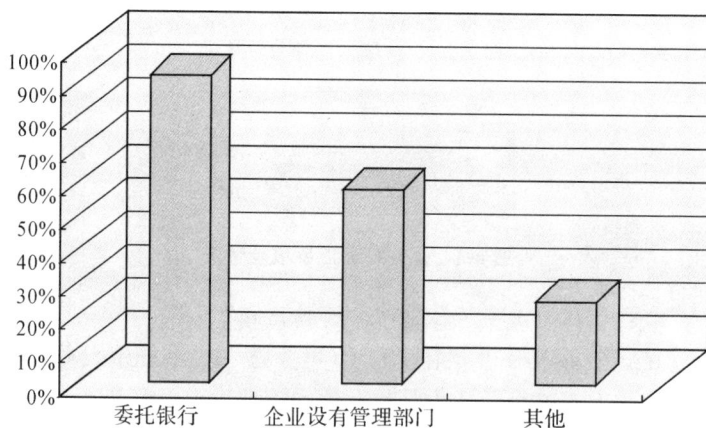

**图 6-5　企业汇率风险管理机制**

## (二)关于衍生金融工具的应用情况

1.企业是否应用过DFI及应用目的

在76家被调查企业中,有24家企业使用过DFI,另外的52家企业没有使用过DFI。在这24家使用过DFI的企业中,有19家企业为闲置资金的投资而使用DFI,有14家企业为避险保值而使用DFI,有5家企业使用DFI的目的为其他。

2.企业应用DFI的主要产品及组合

在众多衍生金融产品中,远期外汇合约为使用最为广泛的产品之一。从高到低依次为:利率调期、远期利率协议和货币调期等,如图6-6。

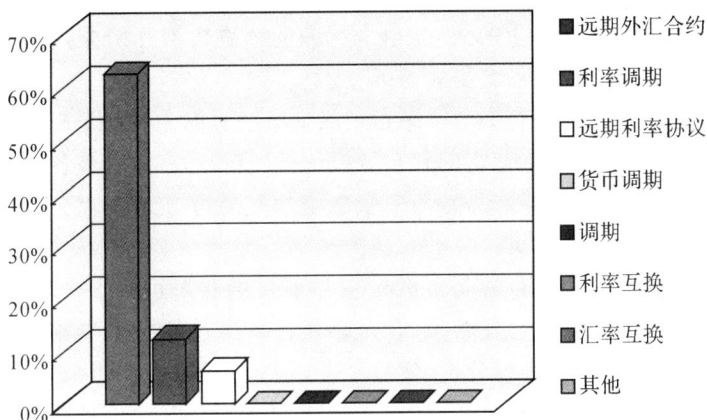

图6-6　DFI产品使用情况

3.企业对银行推出的衍生金融产品的评价

被调查企业对银行提供的衍生金融产品普遍持肯定态度,但是认为仍存在以下主要问题:产品种类单一、收费过高、产品组合与公司目标不一致等。

### 4.企业对衍生金融产品应用的未来预期

被调查企业均认为目前衍生金融产品应用已经比较成熟，并且规避汇率风险的作用明显；但与此同时，被调查企业认为衍生金融产品供应渠道过于单一，银行提供产品种类少，可选择性不强。

## 二、商业银行参与衍生金融交易的基市现状

2004 年 3 月 1 日，中国银监会正式实施《金融机构衍生产品交易业务管理暂行办法》，在对金融机构开办衍生产品交易业务提供一般监管原则和基本管理规范的前提下，允许金融机构开办衍生产品交易业务参与企业的风险管理。这使我国金融衍生品市场发生了质的变化，越来越多的金融机构开始介入并积极参与金融衍生品交易。

我国商业银行参与金融衍生品交易的目的主要基于规避和转移市场风险、创造新的利润增长点，以及帮助客户管理各类金融资产的需要。因此，参与的金融衍生交易可分为自营交易和代理客户交易两类。

国内商业银行参与金融衍生品交易的状况可以 2004 年 3 月 1 日中国银监会发布实施《金融机构衍生产品交易业务管理暂行办法》为界进行分析：实施之前，国内主要以四大国有商业银行为主试行各类金融衍生品的交易活动；而实施之后，境内越来越多的外资银行申请参与金融衍生品交易，具体如表 6-1 和表 6-2 所示。

表 6-1　已办理开办对客户远期结售汇业务备案手续的银行名单

| 备案银行 | | 备案时间 |
|---|---|---|
| 1.中国银行 | | 1997 年 4 月 1 日 |
| 2.中国建设银行 | | 2002 年 8 月 28 日 |
| 3.中国农业银行 | | 2002 年 12 月 20 日 |
| 4.中国工商银行 | | 2002 年 12 月 24 日 |
| 5.交通银行 | | 2004 年 12 月 2 日 |
| 6.中信银行 | | 2004 年 12 月 2 日 |
| 7.招商银行 | | 2005 年 1 月 17 日 |
| 8.日本三菱东京日联银行股份有限公司 | 上海、北京分行 | 2005 年 9 月 15 日 |
| | 大连、天津分行 | 2005 年 9 月 26 日 |
| | 深圳分行 | 2005 年 10 月 17 日 |
| 9.美国花旗银行有限公司 | 上海、北京、深圳、广州、天津分行 | 2005 年 9 月 15 日 |
| | 成都分行 | 2006 年 3 月 29 日 |
| 10.德意志银行股份有限公司上海、北京、广州分行 | | 2005 年 9 月 15 日 |
| 11.日本三井住友银行股份有限公司上海、苏州、天津、广州、杭州分行 | | 2005 年 9 月 15 日 |
| 12.香港上海汇丰银行有限公司上海、深圳、广州、青岛、天津、武汉、大连、北京、厦门、苏州、成都、重庆分行 | | 2005 年 9 月 15 日 |
| 13.恒生银行有限公司 | 上海、广州、深圳、福州分行 | 2005 年 9 月 15 日 |
| | 南京、北京分行 | 2005 年 11 月 28 日 |
| 14.中国民生银行 | | 2005 年 9 月 26 日 |

**续表**

| 备案银行 | | 备案时间 |
|---|---|---|
| 15.英国渣打银行有限责任公司 | 上海、深圳、北京、天津、南京、珠海、厦门分行 | 2005 年 9 月 26 日 |
| | 广州分行 | 2005 年 12 月 31 日 |
| | 苏州、成都分行 | 2006 年 4 月 7 日 |
| 16.中国光大银行 | | 2005 年 9 月 26 日 |
| 17.兴业银行 | | 2005 年 9 月 26 日 |
| 18.日本瑞穗实业银行股份有限公司 | 上海分行 | 2005 年 9 月 26 日 |
| | 大连分行 | 2005 年 12 月 6 日 |
| | 深圳分行 | 2005 年 12 月 13 日 |
| | 北京分行 | 2005 年 12 月 13 日 |
| 19.法国巴黎银行(中国)有限公司 | | 2005 年 9 月 26 日 |
| 20.法国巴黎银行有限公司 | 北京分行 | 2005 年 9 月 26 日 |
| | 上海分行 | 2006 年 5 月 16 日 |
| 21.荷兰银行有限公司上海、北京、深圳分行 | | 2005 年 10 月 17 日 |
| 22.瑞士信贷银行股份有限公司上海分行 | | 2005 年 10 月 17 日 |
| 23.澳大利亚和新西兰银行集团有限公司上海、北京分行 | | 2005 年 10 月 17 日 |
| 24.美国摩根大通银行有限公司北京、上海、天津分行 | | 2005 年 10 月 18 日 |
| 25.中国银行(香港)有限公司上海、青岛、深圳、汕头分行 | | 2005 年 10 月 18 日 |
| 26.法国兴业银行有限公司上海、广州分行 | | 2005 年 10 月 18 日 |
| 27.美国银行有限公司上海、北京、广州分行 | | 2005 年 10 月 24 日 |

| 备案银行 | | 备案时间 |
|---|---|---|
| 28.上海浦东发展银行 | | 2005 年 10 月 24 日 |
| 29.国家开发银行 | | 2005 年 10 月 24 日 |
| 30.加拿大蒙特利尔银行有限公司广州、北京分行 | | 2005 年 11 月 10 日 |
| 31.德国西德银行股份有限公司上海分行 | | 2005 年 11 月 10 日 |
| 32.德国商业银行股份有限公司上海分行 | | 2005 年 11 月 11 日 |
| 33.德国德累斯登银行股份公司上海分行 | | 2005 年 11 月 11 日 |
| 34.上海银行 | | 2005 年 11 月 11 日 |
| 35.中国进出口银行 | | 2005 年 11 月 11 日 |
| 36.比利时联合银行股份有限公司上海、深圳、南京分行 | | 2005 年 11 月 28 日 |
| 37.法国东方汇理银行股份有限公司上海、天津、北京、广州、厦门分行 | | 2005 年 11 月 28 日 |
| 38.厦门国际银行 | | 2005 年 12 月 6 日 |
| 39.荷兰合作银行有限公司上海分行 | | 2005 年 12 月 6 日 |
| 40.星展银行(香港)有限公司深圳分行 | | 2005 年 12 月 13 日 |
| 41.东亚银行有限公司 | 北京、上海、深圳、广州、大连、珠海、厦门、成都、西安分行 | 2005 年 12 月 13 日 |
| | 重庆分行 | 2006 年 5 月 16 日 |
| 42.荷兰商业银行股份有限公司上海分行 | | 2005 年 12 月 13 日 |
| 43.英国苏格兰皇家银行公众有限公司上海分行 | | 2005 年 12 月 16 日 |
| 44.新加坡星展银行有限公司上海分行 | | 2005 年 12 月 16 日 |
| 45.深圳发展银行 | | 2005 年 12 月 16 日 |
| 46.德国北德意志州银行上海分行 | | 2005 年 12 月 31 日 |

**续表**

| 备案银行 | 备案时间 |
|---|---|
| 47.比利时富通银行有限公司上海、广州分行 | 2006 年 1 月 10 日 |
| 48.意大利圣保罗意米银行上海分行 | 2006 年 1 月 20 日 |
| 49.深圳市商业银行 | 2006 年 4 月 3 日 |
| 50.新加坡大华银行有限公司上海分行 | 2006 年 5 月 30 日 |

资料来源:国家外汇管理局,http://www.safe.gov.cn

表 6-2 已办理开办人民币与外币掉期业务备案手续的银行名单

| 备案银行 | 备案时间 |
|---|---|
| 1.中国银行 | 2005 年 8 月 30 日 |
| 2.中信银行 | 2005 年 9 月 7 日 |
| 3.中国农业银行 | 2005 年 9 月 22 日 |
| 4.交通银行 | 2005 年 9 月 22 日 |
| 5.中国建设银行 | 2005 年 9 月 22 日 |
| 6.中国工商银行 | 2005 年 10 月 17 日 |
| 7.招商银行 | 2005 年 12 月 21 日 |
| 8.日本三菱东京日联银行股份有限公司上海、北京、大连、天津、深圳分行 | 2006 年 5 月 25 日 |
| 9.英国渣打银行有限责任公司上海、深圳、北京、天津、南京、珠海、厦门分行 | 2006 年 5 月 25 日 |
| 10.恒生银行有限公司上海、广州、深圳、福州分行 | 2006 年 5 月 25 日 |
| 11.日本三井住友银行股份有限公司上海、苏州、天津、广州、杭州分行 | 2006 年 5 月 30 日 |
| 12.日本瑞穗实业银行股份有限公司上海分行 | 2006 年 6 月 2 日 |

| 备案银行 | 备案时间 |
|---|---|
| 13.香港上海汇丰银行有限公司上海、深圳、广州、青岛、天津、武汉、大连、北京、厦门、苏州、成都、重庆分行 | 2006 年 6 月 8 日 |
| 14.美国摩根大通银行有限公司北京、上海、天津分行 | 2006 年 6 月 28 日 |

资料来源:国家外汇管理局,http://www.safe.gov.cn

　　四大国有银行中,中国银行是我国最早参与衍生金融产品交易的商业银行。从 1997 年 4 月 1 日起,中国银行就开始参与人民币远期业务,但业务规模较小;2002 年 8 月 28 日以后,中国建设银行、中国农业银行、中国工商银行也先后开始涉足人民币远期。到 2003 年底,全年共成交 90 亿美元,占我国当年贸易总额的 1.06%;2004 年人民币远期交易金额总体上比 2003 年增加一倍,但也只占当年贸易额度 2%左右。

　　2003 年 4 月,中国工商银行经中国人民银行批准,允许开办包括远期、掉期、期货和期权在内的外汇金融衍生业务;2003 年 5 月,中国银行上海分行向市场推出外汇期货宝,从而拉开了外汇衍生业务在国内进入实质性操作阶段的序幕;2003 年 7 月,经国际掉期与衍生工具协会董事会表决同意,中国农业银行正式成为国际掉期与衍生品协会(ISDA)会员;2004 年 7 月银监会批准交通银行开办金融衍生品业务。

　　随着中国银监会发布的《金融机构衍生产品交易业务管理暂行办法》于 2004 年 3 月 1 日正式实施后,外资银行纷纷申请开办金融衍生品交易。如在沪的花旗银行、汇丰银行、渣打银行、东京三菱银行、瑞穗实业银行等 5 家外资银行以主报告行的名义,第一时间向上海银监局递交了关于开办金融衍生产品交易业务的申请,具体涉及远期外汇交易、互换、期权、信用衍生工具以及结构性存款产品等衍生产品,且以代客交易为主。截至

2005年底,已有8家中资银行、11家外资银行和一家中外合资银行获得全面经营金融衍生品业务的牌照。

目前,我国商业银行参与的金融衍生产品交易均是通过其总行与国外交易对手进行平盘,银行交易的市场风险均集中在总行,分(支)行实际上承担着总行的产品营销职责。因此,商业银行在获取牌照的同时,具体的经营活动并没有想像的那么积极。

随着世界经济一体化的进程加快,我国对衍生金融工具的需求将变得更为迫切,同时发展衍生金融工具的条件也将日渐成熟。在未来若干年内,我国金融市场必将出现许多适合我国需要的衍生工具,而一些曾经使用过但现在被停止交易的衍生工具也将可能得到恢复。

# 第四节　衍生金融工具在中国运用中存在的主要问题

衍生金融工具的运用状况如何,涉及到作为需求者的跨国经营企业、作为供给者的商业银行和其他金融机构,以及作为监管者的银监会、央行以及财政部等各方面。根据第三节的分析,可以得知我国跨国经营企业运用衍生金融工具管理汇率风险的现状并不令人乐观。存在着企业经营管理者金融风险意识淡薄、商业银行等金融机构提供衍生金融工具规避汇率风险的业务能力尚有欠缺、外汇管制过严以及会计制度相对滞后等一系列问题,并由此导致了国内大部分跨国经营企业未能充分利用衍生金融工具进行风险规避和管理。

## 一、企业经营管理者金融风险意识淡薄

企业经营管理者的金融风险意识是企业是否使用金融衍生工具规避风险的决定性因素。

目前国内大多数企业经营管理者的思维重点往往都放在企业发展战略、产品研究开发、营销渠道拓展以及产权制度改革、人事体制变革等方面，对利率或汇率波动所造成的风险意识淡化，认为汇率风险所引起的汇兑损益从某种意义上来说是一种虚亏，虽然由于汇率变动引起的亏损可能十分巨大，但在结售汇或债务到期之前企业不必收付货款或归还本金，当期产生的汇兑损益虽影响到账面利润指标，但并不构成实际损益，也不影响企业现金流量，因此，不足为虑，也无须采取相应的避险措施。

由于企业经营管理者的不重视，使得掌握利用衍生金融工具避险保值相关知识的专业人才缺乏。同时又顾及到衍生工具的高杠杆性和高风险性，许多企业出于谨慎性考虑，不愿意再冒险使用衍生金融工具，使得衍生金融工具未能在企业中得以广泛运用。

据调查，中国农业银行开办远期结售汇业务以来，相当一部分业务在广东，其次是在上海和江浙一带，而北京和其他内陆省份的业务非常少。同样，中国银行上海市分行近来远期结售汇业务增长很快，但中行北京市分行的这一业务却没有太大变化。这样的差异，显然是由于沿海发达地区企业的风险防范意识较强，而内陆企业风险防范意识较弱所造成的。因为，如果企业经营管理者的风险意识淡化，认为利率和汇率的波动不足为虑，则根本不会采取利用衍生金融工具进行套期保值等防范管理措施。

## 二、商业银行提供衍生金融工具规避汇率风险的业务能力尚有欠缺

我国商业银行在参与金融衍生品交易过程中,主要存在着衍生金融产品品种较少、内部专业人才匮乏、缺乏独立的评估体系和报价能力等问题。

### (一)提供的衍生金融产品品种不多,量小面窄

国际金融市场上,衍生金融产品品种繁多,尤其是场外交易的衍生品,可以根据客户的要求"量身订做",随意性大、组合能力强,导致新的衍生品层出不穷。目前,国际金融市场上交易的衍生金融产品品种已高达 1300 多种,而我国商业银行开办的尚不足 10 种,见表 6-3。虽然最近几年我国商业银行开办的金融衍生品发展迅速,参与了汇率、利率衍生品以及远期、互换(掉期)、期权等一些场外衍生品的交易,但是缺乏以证券、股票指数、信用、贵金属以及重要商品为基础的衍生产品,不能满足商业银行本身和投资者在金融市场的交易需求。

根据表 6-3,表内所列示的最主要的十多种衍生品尚有近半未曾开办或曾经推出又因种种原因而被停办,如综合外汇远期协议、远期利率协议、国债期货、国债期权、股票期货、股指期货、股指期权等。即使已开办的衍生品交易,大多量小面窄,如人民币利率互换、个人外汇远期买卖业务、外汇期权等衍生品目前正处于试点或局部推广阶段,交易量非常小,涉及面狭窄,真正推行尚需时日;而个别开办时间较久些的衍生品交易则由于技术水平、市场环境及制度因素等,难以大量推进,如远期结售汇业务和掉期业务虽然能使企业规避汇率波动的风险向商业银行转移,但商业银行却因受自身风险管理能力和定价能力的限制,缺乏相应的风险对冲工具,远远不能满足企业的避险需求。因此,我国商业银行开办的各类金融衍生品交易要真正发挥其

作用还需要一段时间的努力和尝试。

**表 6-3　国内商业银行开办各类金融衍生品状况一览表**

| 衍生金融产品品种 | | 开办状况 |
|---|---|---|
| 货币衍生品 | 远期结售汇业务 | 1997 年 4 月 1 日中国银行率先推出;2002 年 8 月后得以广泛推行。 |
| | 人民币与外币掉期业务 | 2005 年 8 月 30 日中国银行开办。 |
| | 外汇期货 | 1992 年 7 月曾在上海外汇调剂中心挂牌交易;1993 年 7 月国家外汇管理局规定在有关管理办法出台之前,任何机构都不得开办;2006 年 6 月 18 日中国建设银行率先在上海推出个人远期外汇买卖业务。外汇期权 2002 年 12 月 12 日中国银行上海分行推出外汇"两得宝",标志着外汇期权开始在国内试行。 |
| | 货币互换 | 1992 年 8 月中国银行上海分行曾帮助上海浦东和广东佛山的两家公司成功完成了一笔美元与人民币的货币互换交易,之后鲜有相关交易。 |
| | 综合外汇远期协议 | 尚未推出。 |
| 利率衍生品 | 远期利率协议 | 尚未推出。 |
| | 国债期货 | 1992 年 12 月首张国债期货合约由上海证券交易所推出,但由于 1995 年 2 月 23 日爆发的"327"事件,从当年 5 月 18 日起在全国范围内暂停国债期货交易,至今尚未重开。 |
| | 国债期权 | 尚未推出。 |
| | 利率互换 | 2006 年 2 月中国人民银行推出了人民币利率互换试点,但真正推行尚需时日。 |
| | 利率互换期权 | 尚未推出。 |

续表

| 衍生金融产品品种 | | 开办状况 |
|---|---|---|
| 股票衍生品 | 认股权证 | 1992 年 6 月沪市推出了我国第一个权证即大飞乐配股权证;1996 年 6 月底监管层终止了权证交易;2005 年 6 月宝钢股份和长江电力推出包含认股权证的股改方案获得证监会批准,意味着认股权证得以重新推出。 |
| | 可转换债券 | 1991 年 8 月至今先后发行了琼能源、吴江丝绸等可转换债券且大多转股成功。 |
| | 股票期货 | 尚未推出。 |
| | 股指期货 | 1994 年 1 月 5 日在海南证券交易中心挂牌交易,仅生存了 16 天共成交 111 手被中国证监会下令停止交易,至今尚未重开。 |
| | 股票期权 | 1993 年深圳万科最早试行股票期权作为企业的一种薪酬计划和激励机制。 |
| | 股指期权 | 尚未推出。 |

## (二)商业银行内部专业人才匮乏,缺乏独立的评估体系和报价能力

国外商业银行通常拥有一批专业背景优良、实践经验丰富、业务素质较高且各有所长的专业技术人才,擅长于通过相应手段把复杂的衍生产品分解成基础的、简单的、流动性好的产品,以适应市场众多投资者的交易需求,扩大市场份额。因此,外资商业银行在国内经营的衍生金融品业务可以通过国际金融市场上的期货、期权、远期和掉期等相应的衍生金融产品进行套期保值。

但国内商业银行专业人才严重匮乏,表现在衍生金融品的估值、定价方面,尚没有独立的评估体系和报价能力。虽然近期推出的以衍生金融产品为基础构造的各种理财产品花样翻新,但由于缺乏有效的计量经济模型和估值定价能力,不能客观地

揭示其风险与收益,难以分解复杂产品并用相对简单的产品转移分散风险,呈现出种类少、同质化、技术含量较低、盈利能力较差的状况,对衍生金融产品的创新能力明显不足。由此,国内商业银行经营的金融衍生品业务只能通过外资银行等中间商进入国际金融衍生市场进行相应的对冲交易和套期保值交易,这使国内商业银行在竞争中处于不利地位。

## 三、监管机构设置不当、相应的监管法律法规制度欠健全

衍生金融产品是一个涉及多个金融领域、运用多种技术的"金融混合物",因此,对其实施有效监管的机构和法律制度都必须具备跨市场、跨行业的综合特征,那些将"金融混合物"分拆成若干个"基本元素"分别进行监管的传统方法必然会损耗金融监管的效率。

目前,我国实行的是银监会、证监会、保监会分业监管的金融监管模式,衍生金融品交易的监管由银监会负责。银监会在其颁布实施的《金融机构衍生产品交易业务管理暂行办法》中把能够从事衍生金融品交易的金融机构限定为在我国境内设立的银行、信托投资公司、财务公司、金融租赁公司、汽车金融公司及外国银行在中国境内的分行,而把证券交易商、投资银行和专门从事衍生品交易的期货交易所和期货公司排除在衍生品交易的大门之外,显然是不妥当的。

在衍生金融品监管法律法规方面,虽然基本法律框架已初步建立,如《公司法》、《证券法》、《商业银行法》、《银行业监督管理法》等,但普遍存在着条文过于松散,使金融监管的随意性有余而严密性不足。而针对衍生金融品交易的法律法规和相应的规章制度尚欠健全,至今只有 3 项规定或通知,即 2004 年 3 月 1 日起实行的《金融机构衍生产品交易业务管理暂行办法》、

2005 年 3 月 22 日颁发的《关于对中资银行衍生产品交易业务进行风险提示的通知》和 2005 年 8 月 26 日银监会审议通过的《外资银行衍生产品业务风险监管指引》。

上述规定都太过简单,如《金融机构衍生产品交易业务管理暂行办法》只是规范了市场准入的原则性意见,对于市场主体的经营行为并没有作出具体的规范要求,而《关于对中资银行衍生产品交易业务进行风险提示的通知》和《外资银行衍生产品业务风险监管指引》只是对从事金融衍生品业务的商业银行的董事会及高管人员行为、风险管理过程、内部控制与审计、交易程序、会计政策、信息披露等提出规范性指导意见,缺乏具有操作性的监管标准,容易出现监管真空。

衍生金融交易的相关法律法规不健全,大大削弱了我国金融机构提供衍生金融产品的能力和企业运用衍生金融产品的积极性。

## 四、外汇管制过严一定程度上限制了衍生金融产品的使用

衍生金融产品作为一种金融合约,其价值取决于一种或多种基础资产或指数。因而,其套期避险保值作用也在一定程度上受到基础资本市场完备性的制约。

目前,虽然我国已经实现了外汇在经常项目下的自由兑换,但对资本项目仍然实行严格管制,部分项目仍实施强制性结售汇制度,对外汇指定银行的结售汇结转的头寸实行限额管理,外汇交易中心实行会员制等。在这一系列制度的安排下,我国外汇市场不能完全真实、有效地反映外汇供求关系,这种基础资本市场的不完备性在一定程度上阻碍了衍生金融产品的广泛使用。

## 五、对衍生金融产品交易的会计确认、计量和信息披露制度不规范

衍生金融产品的出现,超越了原有的公司理财工具的界限,把公司和金融市场更为紧密地联系在一起,然而衍生金融产品的会计确认和计量、风险控制却缺乏统一的标准。虽然国际会计准则和美国财务会计准则委员会制订了一些值得商榷的相关准则,但其他国家和地区未能根据自身衍生金融发展状况提出较为明确的会计准则。这严重阻碍了衍生金融产品在公司风险管理中的应用。

到目前为止,我国只在 2002 年 1 月 1 日开始执行的《金融企业会计制度》和自 2006 年 1 月 1 日起在上市和拟上市的商业银行范围内试行的《金融工具确认和计量暂行规定(试行)》中,对外汇交易合约、利率期货、远期汇率合约、货币和利率套期、货币和利率期权、可转换债券等多种衍生金融工具的计价方法、会计处理和信息披露等做了一些规定,但较为笼统。实务中在对衍生金融产品的会计处理上,我国大多数银行采用的是历史成本与表外披露相结合的方法,已实现部分在期末按中国人民银行公布的统一汇率折算为人民币,未实现部分的权利义务一般不在表内确认。同时各商业银行的会计处理方法并不统一,报表可比性差,且风险信息披露严重不足,缺乏一个可信赖、综合、透明、连续的信息发布完整体系,商业银行的衍生金融产品业务未能得到真实的反映,使投资者不能对市场价格形成理性预期,不利于衍生金融产品业务的健康发展。

**附件 1**

# 跨国经营企业应用金融衍生工具情况调查问卷

尊敬的_____先生/女士：

请根据您对本企业汇率风险管理了解的情况填写本表（或指定专人填写），并按规定日期返回。我们将根据回收的表格了解信息产业企业跨国经营汇率风险管理的基本情况，为信息产业企业的风险管理提供决策依据和参考。感谢您的合作！

跨国经营企业运用 DFI 防范汇率风险研究课题组

填表人：_____ 职务：_____

填表时间：_____年_____月_____日（公章）

联系电话：_____ 传真：_____

Email：_____

（请于_____年_____月_____日前寄回_____）

填写注意事项：

1.基本信息要求填写完整、真实。

2.请在合适的选项前打"√"或进行适当的描述：

3.调查问卷中除特殊说明外，选择题一律为多项选择。

4.调查问卷中的问题如果单位没有经历过，可以不填，问卷仍然有效。

# 跨国经营企业应用金融衍生工具情况调查问卷

企调函 NO ＿＿＿＿＿＿＿＿＿

## 一、企业基市资料

| 企业名称 | | | |
|---|---|---|---|
| 企业规模 | 注册资金 ＿＿＿＿＿＿＿万元 | | |
| | 员工 ＿＿＿＿＿＿＿人 | | |
| | 年末资产总额 | 2001 年 | ＿＿＿＿＿＿＿万元；计价货币＿＿＿＿ |
| | | 2002 年 | ＿＿＿＿＿＿＿万元；计价货币＿＿＿＿ |
| | | 2003 年 | ＿＿＿＿＿＿＿万元；计价货币＿＿＿＿ |
| 总产值 | 2001 年 | | ＿＿＿＿＿＿＿万元；计价货币＿＿＿＿ |
| | 2002 年 | | ＿＿＿＿＿＿＿万元；计价货币＿＿＿＿ |
| | 2003 年 | | ＿＿＿＿＿＿＿万元；计价货币＿＿＿＿ |
| 年利税 | 2001 年 | | ＿＿＿＿＿＿＿万元；计价货币＿＿＿＿ |
| | 2002 年 | | ＿＿＿＿＿＿＿万元；计价货币＿＿＿＿ |
| | 2003 年 | | ＿＿＿＿＿＿＿万元；计价货币＿＿＿＿ |
| 企业信用等级 | □AAA　□AA　□A　□BBB　□BB　□B　□CCC　□未评级 | | |
| 主要业务种类 | 1.<br>2.<br>3. | | |
| 进出口业务 | 主要种类 | 1999 年 | |
| | | 2000 年 | |
| | | 2001 年 | |
| | | 2002 年 | |
| | | 2003 年 | |
| | 交易量 | 1999 年 | ＿＿＿＿＿＿＿万元；计价货币＿＿＿＿ |
| | | 2000 年 | ＿＿＿＿＿＿＿万元；计价货币＿＿＿＿ |
| | | 2001 年 | ＿＿＿＿＿＿＿万元；计价货币＿＿＿＿ |
| | | 2002 年 | ＿＿＿＿＿＿＿万元；计价货币＿＿＿＿ |
| | | 2003 年 | ＿＿＿＿＿＿＿万元；计价货币＿＿＿＿ |
| | 主要交易国家 | | |
| | 主要交易货币 | | |
| | 主要结算方式 | | |
| 有无长期负债<br>（20 年以上） | □无 | | |
| | □有，金额 ＿＿＿＿＿＿＿万元；计价货币＿＿＿＿ | | |
| 主要融资方式 | □银行贷款　　□接受风险投资　　□集资　　□国内发行债券<br>□国外发行债券　　□发行股票<br>□其他（请注明）＿＿＿＿＿＿＿＿＿＿＿＿＿ | | |

## 二、汇率风险管理情况

| 汇率风险<br>主要种类 | □交易风险　　□经营风险　　□折算风险　　□其他风险 | | |
|---|---|---|---|
| 涉及风险的<br>主要货币种类 | □美元　　□欧元　　□日元　　□英镑　　□澳元<br>□港币　　□其他(请注明)_____ | | |
| 涉及风险的<br>资本金额 | 1999 年 _____万元;计价货币____;占企业总资产_____% | | |
| | 2000 年 _____万元;计价货币____;占企业总资产_____% | | |
| | 2001 年 _____万元;计价货币____;占企业总资产_____% | | |
| | 2002 年 _____万元;计价货币____;占企业总资产_____% | | |
| | 2003 年 _____万元;计价货币____;占企业总资产_____% | | |
| 是否已对汇率<br>风险进行管理 | □是　　　　　　　　□否 | | |
| 汇率风险管理<br>的有效途径 | □委托银行　　　　　□设置管理部门,加强内部人才培养<br>□应用 DFI　　　　　□咨询专家意见<br>□加强内部控制　　　□其他(请注明)_____ | | |
| 管理机制 | 制度 | □委托银行　　　　□企业设有管理部门<br>□其他(请注明)_____ | |
| | 机构 | | |
| | 人员 | | |
| | 措施 | □出口保理　　□银行金融交易　　□金融衍生工具<br>□其他(请注明)_____ | |

## 三、金融衍生工具(DFI)的应用情况

| | |
|---|---|
| 是否应用过 DFI | ☐是　　　　　　　　　　☐否 |
| 开始应用 DFI 的年份 | ＿＿＿＿＿＿＿年 |
| 应用 DFI 的目的 | ☐闲置资金的投资　　　☐避险保值<br>☐其他(请注明)＿＿＿＿＿＿＿＿＿＿＿ |
| DFI 的总价值 | 1999 年　＿＿＿＿＿＿＿＿万元;计价货币＿＿＿<br>2000 年　＿＿＿＿＿＿＿＿万元;计价货币＿＿＿<br>2001 年　＿＿＿＿＿＿＿＿万元;计价货币＿＿＿<br>2002 年　＿＿＿＿＿＿＿＿万元;计价货币＿＿＿<br>2003 年　＿＿＿＿＿＿＿＿万元;计价货币＿＿＿ |
| 应用 DFI<br>主要产品 | ☐利率调期(IRS)　　☐利率互换　　　☐汇率互换<br>☐调期(swap)　　　　☐远期利率协议(FRA)<br>☐货币调期(FX SWAP)　☐远期外汇合约<br>☐其他＿＿＿＿＿＿＿＿＿＿ |
| 是否会在未来扩大<br>对 DFI 的使用规模 | ☐是　　　　☐否 |
| 应用 DFI 的<br>成功案例 | (请尽可能详尽介绍,可另附页。) |
| 对银行推出的 DFI<br>产品组合的评价 | ☐风险规避的效果不好　　　☐组合与公司目标不一致<br>☐产品种类单一　☐人员专业水平不高　☐工作效率不高<br>☐服务态度不好　☐收费过高　☐其他(请注明)＿＿＿＿ |
| 对使用 DFI 规避<br>汇率风险的看法 | ☐短期内不成熟　☐现在已经比较成熟　☐应用过于复杂<br>☐作用明显　　　☐有很大的发展空间　☐没有作用<br>☐前景不容乐观　☐其他(请注明)＿＿＿＿＿＿＿ |
| DFI 应用和发展的<br>主要困难或障碍 | ☐银行提供产品种类少,可选择性不强　☐专业水平不高<br>☐监管过多,要求过高　☐产品渠道过于单一<br>☐服务收费过高　☐其他(请注明)＿＿＿＿＿＿＿ |
| 您个人对 DFI 的看法 | |

填表人:　　　　职务:　　　　填表时间:　　年　　月　　日

**附件 2**

# 商业银行提供金融衍生工具情况调查问卷

尊敬的_____先生/女士：

　　请根据您对本银行所从事的金融衍生交易了解情况填写本表(或指定专人填写)，并按规定日期返回。我们将根据回收的表格了解目前我国银行界对金融衍生工具的基本运用情况，以为我国金融衍生交易的进一步发展提供决策依据和参考。感谢您的合作！

　　　　浙江省跨国经营企业运用 DFI 防范汇率风险研究课题组

　　填表人：_____　职务：_____
　　填表时间：_____年_____月_____日(公章)
　　联系电话：_____　传真：_____
　　Email：_____
　　(请于　　年　　月　　日前寄回_____
___)

　　填写注意事项：
　　1.基本信息要求填写完整、真实。
　　2.请在合适的选项前打"√"或进行适当的描述；
　　3.调查问卷中除特殊说明外，选择题一律为多项选择。
　　4.调查问卷中的问题如果单位没有经历过，可以不填，问卷仍然有效。

208

# 商业银行提供金融衍生工具情况调查问卷

企调函 NO _____

## 一、银行基本资料

| 名 称 | | | |
|---|---|---|---|
| 规 模 | 注册资金 _____ 万元 | | |
| | 员工 _____ 人 | | |
| | 年末资产总额 | 2001 年 | _____ 万元;计价货币 _____ |
| | | 2002 年 | _____ 万元;计价货币 _____ |
| | | 2003 年 | _____ 万元;计价货币 _____ |
| 总产值 | 2001 年 | | _____ 万元;计价货币 _____ |
| | 2002 年 | | _____ 万元;计价货币 _____ |
| | 2003 年 | | _____ 万元;计价货币 _____ |
| 年利税 | 2001 年 | | _____ 万元;计价货币 _____ |
| | 2002 年 | | _____ 万元;计价货币 _____ |
| | 2003 年 | | _____ 万元;计价货币 _____ |
| 企业信用等级 | □AAA □AA □A □BBB □BB □B □CCC □未评级 | | |
| 主要业务种类 | 1.<br>2.<br>3. | | |
| 外币业务 | 交易量 | 1999 年 | _____ 万元;计价货币 _____ |
| | | 2000 年 | _____ 万元;计价货币 _____ |
| | | 2001 年 | _____ 万元;计价货币 _____ |
| | | 2002 年 | _____ 万元;计价货币 _____ |
| | | 2003 年 | _____ 万元;计价货币 _____ |
| | 交易对手 | □国内同业 □国外同业 □中国人民银行<br>□证交所、期交所、证券公司等金融机构<br>□公司、个人 □其他(请注明) _____ | |
| | 交易货币 | □美元 □欧元 □日元 □英镑 □澳元 □港币<br>□其他(请注明) _____ | |
| | 结算方式 | □现金 □转账 | |

## 二、银行内部汇率风险管理情况

| 汇率风险<br>种类 | | □交易风险　　　□经营风险　　　□折算风险　　　□其他风险 | | |
|---|---|---|---|---|
| 涉及风险的<br>主要货币种类 | | □美元　　　□欧元　　　□日元　　　□英镑　　　□澳元<br>□港币　　　□其他(请注明)_____ | | |
| 涉及风险的<br>资本金额 | | 1999 年 _____万元;计价货币____;占企业总资产_____% | | |
| | | 2000 年 _____万元;计价货币____;占企业总资产_____% | | |
| | | 2001 年 _____万元;计价货币____;占企业总资产_____% | | |
| | | 2002 年 _____万元;计价货币____;占企业总资产_____% | | |
| | | 2003 年 _____万元;计价货币____;占企业总资产_____% | | |
| 是否已对汇率<br>风险进行管理 | | □是　　　　　　　　　　□否 | | |
| 汇率风险管理<br>的有效途径 | | □应用 DFI　　　　　　　□设置管理部门,加强内部人才培养<br>□咨询专家意见　　　　　□加强内部控制<br>□其他(请注明)_____ | | |
| 管理机制 | 制度 | □专门制定规章制度　　　□专门设有管理部门<br>□其他(请注明)_____ | | |
| | 机构 | | | |
| | 人员 | | | |
| | 措施 | | | |

## 三、对金融衍生工具(DFI)的应用情况

| 是否应用过 DFI | □是　　　　　　　　　　□否 | | |
|---|---|---|---|
| 开始应用 DFI 的年份 | ＿＿＿＿＿＿年 | | |
| 应用 DFI 的目的 | □闲置资金的投资　　□避险保值　　□代客理财<br>□其他(请注明)＿＿＿＿＿＿＿＿ | | |
| DFI 的年交易量 | 1999 年 | ＿＿＿＿＿＿万元;计价货币＿＿＿ | |
| | 2000 年 | ＿＿＿＿＿＿万元;计价货币＿＿＿ | |
| | 2001 年 | ＿＿＿＿＿＿万元;计价货币＿＿＿ | |
| | 2002 年 | ＿＿＿＿＿＿万元;计价货币＿＿＿ | |
| | 2003 年 | ＿＿＿＿＿＿万元;计价货币＿＿＿ | |
| 运用 DFI<br>主要产品 | □利率调期(IRS)　　□利率互换　　　□汇率互换<br>□调期(swap)　　　□远期利率协议(FRA)<br>□货币调期(FX SWAP)　□远期外汇合约<br>□其他＿＿＿＿＿＿ | | |
| DFI 产品的<br>主要客户 | □国内同业　　□国外同业　　□中国人民银行<br>□证交所、期交所、证券公司等金融机构<br>□公司、个人　　□其他(请注明)＿＿ | | |
| 是否会在未来扩大<br>对 DFI 的使用规模 | □是　　　□否 | | |
| 应用 DFI 的<br>成功案例 | (请尽可能详尽介绍,可另附页。) | | |
| 对《金融机构衍生产<br>品交易业务管理暂<br>行办法》的观点 | □不清楚　　□略知,一般　　□清楚,及时、全面<br>□其他(请注明)＿＿＿＿＿＿ | | |
| 对目前 DFI 监管<br>要求的看法 | □加强监管　　□放松监管　　□适度监管<br>□其他(请注明)＿＿＿＿＿＿ | | |
| 对使用 DFI 规避汇<br>率风险的看法 | □短期内不成熟　□现在已经比较成熟　□应用过于复杂<br>□作用明显　　　□没有作用　　□有很大的发展空间<br>□前景不容乐观　　□其他(请注明) | | |
| DFI 应用和发展的<br>主要困难或障碍 | □可供选择的产品种类过少　　□监管过多,要求过高<br>□交易渠道过于单一,市场不健全　□专业水平不高<br>□服务收费过高　　□其他(请注明)＿＿ | | |
| 您个人对 DFI 的看法 | | | |

填表人:　　　职务:　　　填表时间:　　年　　月　　日

# 第七章 运用衍生金融工具管理 汇率风险的制度设计

从某种意义上说,跨国经营企业运用衍生金融工具管理汇率风险,是一个复杂的系统工程,它涉及到使用者、提供者、监管者及基础产品市场等方方面面。因此,只有完善公司治理结构、健全商业银行业务规范细则、放松金融管制、加强监管和法律法规制度建设、修正会计制度、发展衍生金融市场,才能促使企业提高对衍生金融工具的利用率和利用效率。

## 第一节 完善公司治理结构

就中国而言,虽然公司法人治理结构与美、英、德等国有差距,但可以通过完善公司治理结构为跨国经营企业运用衍生金融工具管理汇率风险提供制度环境。

对于公司管理层,若不详细划分种类,可以认为管理层是"内部人",掌握着与公司一样或更大的决策权和执行权。他们同样拥有潜在的或现实的对自身利益的需求,只是苦于没有合适的工具而已,银广夏、三九医药等上市公司的舞弊行为就足以证明这一点。资本追逐利润是永无止境的,公司管理层对自身利益的需求必然要求使用更为复杂有效的工具,运用衍生工具进行套期保值就理所当然将成为一种必然的选择。因此,更多的研究和制度设计应该是针对公司管理层,如盛行的管理层收购(MBO,Management Buy Out)、特殊目的实体(SPEs,Special Purpose Entities)等,而不是单单将注意力集中在衍生工具的技术研究和套期保值活动的事后经济效果。

在制度设计中,应侧重于改变现有的企业业绩考核体系和激励机制,促使管理层增强风险防范意识,理性选择各种正确的避险措施以防范汇率风险。如第六章所述,现有的企业管理层缺乏内在激励去利用衍生金融工具规避风险,从而增加企业的市场价值。企业在进行业绩考核和经营者激励时所参考的指标,与企业在复杂多变的金融市场环境下所面临的境况不相吻合。无论是资本保值增值、杜邦财务分析体系,还是经济附加值(EVA,Economic Value Added)、财务和经济附加值(FEVA,Financial and Economic Value Added)等等,都没有把衍生金融工具的特性考虑在内。通常,对衍生金融工具的风险估计和控制在金融市场是经过精密的计算和系统监控的,但是作为衍生金融工具使用的主体——企业,在进行业绩考核时,良好的风险控制并没有充分体现在企业的指标体系和激励体系中。企业管理层即使对衍生金融工具的杠杆效应和不确定性有充分认识,也不会轻易使用,除非在盈余管理、公司债务重组、公司管理层接管时才敢冒险试用,这样反而扭曲了衍生金融工具的避险保值作用。因此,应改变现有的企业业绩考核体系和激励机制,促使企业经营管理者增强风险防范意识,积极运用衍生金融工具防范汇率风险。

# 第二节　健全商业银行业务规范细则

如前所述,随着我国银监会《金融机构衍生产品交易业务管理暂行办法》的颁布,我国金融开放和金融深化程度将进一步提高,从 2004 年 3 月 1 日开始,外资金融机构已合法涉足我国衍生金融品市场,国内银行业将面临更大的竞争压力。因此,应进一步增强国内商业银行及其他金融机构的竞争意识和竞争能力,积极拓展商业银行等金融机构提供衍生金融工具的业务能力。大力发展金融创新,推出各种衍生金融工具,从衍生市场中开拓业务,寻求新的生存和发展空间,以适应国内外跨国经营者的需要。

## 一、开发适合我国 DFI 运用现状的评级方法和标准

尽管中国银监会主席刘明康在 2003 年 7 月 31 日致巴塞尔银行监管委员会主席卡如纳先生的信中,明确表示"经过认真考虑,至少在十国集团 2006 年实施新协议的几年后,我们仍将继续执行 1988 年的老协议"。但同时又认为"在满足最低资本监管要求的同时,银行还应该重视改善风险管理……大银行应建立有效的、与新协议一致的内部评级体系;而小银行应该尽可能多地引进信用风险管理的最佳实践……在一段时间之后,如银行条件具备,我们将考虑使用内部评级法进行资本监管,并为银行改进风险管理提供激励机制"。

可见,在 2006 年之前和之后的若干年内,根据我国商业银行的管理水平与现状,一直执行着 1988 年的旧《巴塞尔协议》,但是向新协议的过渡、采用先进的、能提高资本监管的风险敏感度的 IRB 法的趋势是肯定的。因此,各大商业银行应开始着手

收集从事 DFI 交易的借款人和相关债项的所有必要的信息,做好基础的数据收集工作,建立相应的数据库,为今后采用定量分析方法监测、管理信用风险奠定基础。

## 二、引进 DFI 尤其是新型信用衍生工具、丰富汇率风险管理产品品种

衍生金融品品种类繁多,尤其是场外交易的衍生品,可以根据客户的要求"量身订做",随意性大、组合能力强,导致新的衍生品层出不穷。因此,在政策和法规许可的范围内,应进一步增强国内商业银行的竞争意识和竞争能力,积极进行金融创新,推出各种衍生金融品,以丰富衍生金融产品品种,并不断扩大交易数量与交易范围,为跨国经营企业的汇率风险管理提供较好的交易平台和环境。

同时,学习国际大银行运用 DFI 尤其是纳入信用风险缓释框架的新型信用衍生工具对风险管理的最新成果,并结合我国实际加以运用,提高我国商业银行的风险管理水平。

## 三、重视专业人才培养、掌握对衍生金融品的定价权和话语权

面对纷繁复杂的国际金融市场和需求各异的投资者,商业银行应重视高素质金融人才的培养,尤其加快产品设计人员、研究人员和交易人员等专业人才的培养。产品设计人员和研究人员应充分了解各类衍生金融品的产品特点和性能,掌握必要的数学模型、产品分解原理、计算机技术等知识,熟悉各类衍生产品的定价模型和分解技术,并训练其对市场变化的敏锐性。交易员应具备扎实的专业知识,善于运用典型而复杂的衍生金融产品,同时拥有良好的心理素质、丰富的交易经验、灵敏的信息接受能力和反馈能力,以及把握衍生金融品市场走势的能力。

只有这样,才能根据客户的需求和市场的变化设计出具有可行性的优秀产品,并得以推广和应用,充分掌握对衍生金融品的定价权和话语权,使银行具备较强的市场竞争力。

## 四、建立健全商业银行金融衍生产品内部控制制度,防患于未然

众所周知,衍生金融品交易是一把"双刃剑"。因此,商业银行应加强对衍生品交易的内部控制制度建设,建立衍生金融产品风险管理部门,形成风险评估机制、风险监督机制和风险救援机制,并健全衍生金融产品风险控制管理体系。

明确董事会对衍生品业务的责任,任何重大的交易或新的衍生产品业务都应得到董事会的批准,或得到由董事会指定的高级管理层的同意,董事会还应定期对现行的衍生产品风险管理政策和程序进行评价。

负责衍生产品业务风险管理和控制的高管和业务人员,必须与负责交易或营销的人员分开,各司其责,不得兼任。

实行风险止损制度,建立相应的衍生产品风险管理模型,并根据交易员的不同级别设置不同的交易权限,建立实时监督机制,保证银行所承担的风险总量控制在其所能承受的范围内。

## 第三节　放松金融管制

为了促进基础资产市场与衍生金融品市场的协调发展,应稳步推进人民币可兑换过程,逐步放松外汇管制,减少对外汇市场的干预,扩大汇率浮动的范围,改进现行结售汇制度,放宽对企业和居民用汇限制,积极培育外汇市场,实现人民币汇率决定机制市场化,使汇率更加真实地反映外汇市场供求关系的变化,

以改善基础资本市场的完备性,促使金融衍生品市场顺利发展。

当然,鉴于衍生金融品市场本身所具备的对风险管理的"双刃性",在逐步放松外汇管制的同时,应加强对衍生金融市场的监管,采用监管当局外部监管与金融机构内部控制相结合的灵活方法防止衍生金融市场风险,确保金融体系的安全有序运行。

# 第四节　加强监管和法律法规制度建设

通常,适度而有力的金融监管可以促进公司运用衍生工具进行套期保值,并避免引发大的市场震荡和崩溃。面对复杂的衍生工具,金融监管者能否拥有开放的、准备充分的态度和有效适度的监管措施,将是一个严峻的问题。

尽管衍生金融工具与套期保值活动对证券市场的冲击并没有像想像中那么大,因为在上市公司的治理结构中,随着代理理论和契约理论的逐步成熟,内部许多问题如管理层的定位、私有信息、策略性行动、利益冲突等的研究深入,用衍生工具进行套期保值活动将逐渐变成公司的日常活动,那么对于它的规律的认识和把握就有相当的进步,不会是那种洪水般的冲击:证券市场的监管者将要求公司管理层在财务报告中和重大公告中披露相关的信息,这种压力有利于提升公司治理结构水平。证券市场在甄别与筛选上市公司管理层的衍生金融工具与套期保值活动策略时是有效的,因而不会出现混乱的局面。

但衍生工具的推出已经突破了简单由证券交易所、商业银行、投资机构的供应链范围,因此衍生工具的风险管理也已经超出了金融技术或金融工程的范畴。随着资产证券化的推行,越来越多的机构、公司都参与到衍生工具和套期保值活动中来,单一的金融监管主体难以适应这种混合的趋势。在上市公司和非上市公司都持有衍生工具的情况下,应该改变监管思路,逐渐认识到衍生工具及套期保值活动是公司治理结构的一部分,是公司内部经营战略的一部分,过多过细的监管可能会适得其反,从而严重抑制公司制度创新的动力。

因此,为促使商业银行的衍生金融品业务健康、快速发展,必须加强监管:

首先,在保证目前分业监管制度的前提下,加强不同监管机构之间的合作。2004 年 6 月 28 日颁布的《银监会、证监会、保监会在金融监管方面分工合作的备忘录》虽然对银监会、证监会、保监会三方就重大监管事项和跨行业、跨境监管中复杂问题进行了磋商,并就建立定期信息交流制度等作出了一些规定,但这些规定过于原则化,缺乏明显的操作细则。因此,建议从银监会、保监会和证监会中抽调相关人员成立一个独立的衍生金融品监管委员会,专门负责衍生品的监督管理。

其次,针对衍生品交易市场的复杂性,制定、修改和完善相关的法律法规,积极借鉴国外经验,对衍生金融产品设立专门完备的法律,如《金融期货法》、《金融期权法》等,并制定有关交易管理的统一标准,从而保证衍生金融品业务规范、健康、稳定地运行。

此外,积极运用 2006 年 5 月正式投产的银行业金融机构监管信息系统建设工程(又称"1104 工程"),准确、及时地将各银行金融机构的衍生交易信息通过计算机系统转换并输送到监管部门,以便于金融数据的积累和监管部门的同步监管。

# 第五节　修正会计制度

如前所述,衍生金融工具会计问题非常复杂,由于衍生金融工具是未来交易的合约,不符合传统会计要素定义,难以按照传统会计理论进行会计确认、会计计量和信息披露,因此长期以来一直作为表外业务处理。建议财政部在我国现行的《金融企业会计制度》及《企业会计制度》中有关衍生工具信息披露简单规定的基础上,充分借鉴美国财务会计准则委员会(FASB)和国际会计准则委员会(IASC)制订的 IAS NO.32、IAS NO.39 和SFAS NO.133 以及其补充公告 SFAS NO.137、SFAS NO.138等有关衍生金融工具确认、计量、报告和披露的一系列会计准则,按照先易后难的思路,先制定披露准则,以后随着各方面条件的成熟再制定确认和计量准则。披露准则应强调以公允价值计量模式为基础进行表外披露,并通过增设有关附表的方式充分揭示对信息使用者具有重要作用的信息,以满足信息使用者的决策需要,为以后衍生金融工具的表内确认和计量奠定基础。

## 一、建立我国衍生金融工具会计规范的总体思路

为了确保衍生金融工具在我国能够顺利运行和健康发展,必须尽快建立起切合我国实际的会计规范,充分发挥会计的反映和监督职能,使有关各方能够根据真实、有用的会计信息做出合理的判断,最大限度地降低金融风险。

从 FSAB 和 IASC 制定衍生金融工具会计准则的过程可以得知,建立衍生金融工具会计规范是一项复杂而艰巨的工作,不是短期内就可以完成的,而是一个渐进的过程。因此,我国在建立衍生金融工具会计规范时,应根据我国具体情况安排好会计

规范的程序,逐步解决会计确认、计量和披露这些会计难题。

## (一)按照从具体到一般的思路建立会计规范

目前,我国衍生金融工具种类稀少,曾经有过的外汇期货、认股权证、国债期货、股指期货等也只是小范围或短期内存在过,有关衍生金融工具交易的实践经验并不丰富。同时,我国衍生金融工具的理论研究起步较晚,缺乏广度和深度,甚至滞后于实际运用,使我国难以在现有条件下直接制定出能适应各种衍生金融工具的合理的通用会计准则。

为此,可以先从亟待解决的特定会计问题入手,制定相应的具体会计准则,然后在逐步总结经验、提高认识的基础上制定较全面的衍生金融工具会计准则。可以先按具体的交易品种先规范目前正在使用的比较成熟的衍生金融工具,如可转换债券会计处理暂行条例等,以适应现实的需要;接着,规范过去曾经存在过但由于各种原因暂时停止在未来适当的时间仍可能得以恢复和发展的衍生金融工具,如股指期货会计处理暂行条例;最后再规范其他衍生金融工具。在逐步完善各种衍生金融工具会计规范的基础上,进一步形成较为概括的具体会计准则。

## (二)按照先易后难的模式制定会计准则

如前所述,衍生金融工具的会计难题主要是衍生金融工具的确认、计量及披露,其中,确认与计量是衍生金融工具会计的核心问题,也是最棘手的问题,需要经过大量的研讨、反复征求意见才能形成,以至于 FASB 和 IASC 在初始制定衍生金融工具会计准则时都不得不回避确认和计量问题,而先对信息披露进行规范。

我国在制定衍生金融工具会计准则时会面临同样的会计难题,虽然可以直接照搬国外的研究成果,但未必符合我国国情。因此,可以从最基本、最重要的问题出发,即先制定有关衍生金融工具信息披露准则,以尽早满足决策者的信息需要,再进一步对确认和计量加以规范。

### (三)从我国实际情况出发,充分借鉴国外会计准则和研究成果

一直以来,西方国家衍生金融工具会计理论和会计实务都远远领先于我国,我国在制定衍生金融工具会计规范时应充分借鉴国外已有的会计准则和研究成果。

一方面,我国加入WTO参与经济国际化进程,要求我国的会计规则在主要方面与国际会计惯例相一致,这样既便于外国投资者了解我国企业的经营情况,便于吸引外资,又有利于我国企业参与国际竞争,在国际金融市场上利用衍生金融工具进行融资、投资或套期保值。

另一方面,以国外已有的研究成果及发展动态作为借鉴和指导,可以大大提高建立我国衍生金融工具会计规范的效率。

但由于各国之间存在着经济、法律等诸多方面的差异,相关市场的发育程度和发展趋势也有很大差别,因此,我国衍生金融工具会计规范必须从我国实际情况出发,充分考虑经济环境、企业内部管理水平、从业人员素质以及相关的法律规范等。

### (四)衍生金融工具会计规范要有一定的前瞻性

衍生金融工具是在金融创新浪潮中被不断创造出来的新型金融工具,要求会计规范具有较大的涵盖面和一定的前瞻性。从我国衍生金融工具的发展过程来看,衍生金融工具会计规范应当满足实践的需要,并适当领先于实践,以便及时应对可能出现的新问题。

## 二、我国衍生金融工具会计规范的基市构想

### (一)衍生金融工具会计准则模式的选择

根据对衍生金融工具会计确认、计量及信息披露要求的不同,国际上衍生金融工具会计准则模式主要有以下三种:

第一种模式:历史成本计量、表外披露模式。即衍生金融工具所代表的权利或义务不在财务报表中确认为金融资产和金融负债,而是通过附表或附注予以披露。衍生金融工具的计量采用历史成本原则,其公允价值及其变动、衍生工具交易的相关政策、交易目的、金额、期限、风险、套期保值等信息,都在附表或附注中披露。显然,这种模式遵循了传统会计理论,但无法对衍生金融工具进行有效的披露和会计处理。

第二种模式:混合成本计量、表内披露模式。即衍生金融工具所代表的权利或义务确认为金融资产和金融负债,并在资产负债表中予以列报;初始计量采用交易对价的公允价值(即历史成本),后续计量则采用公允价值。公允价值变动形成的未实现利得或损失,根据持有衍生金融工具非套期保值目的或套期目的的不同,可计入当期净收益或直接计入权益。对于持有至到期日的金融工具,则按历史成本(摊余成本)计量,其公允价值变动可不确认。企业对衍生工具交易的相关政策、各项衍生工具交易的目的、金额、期限、风险、套期保值等信息,在报表附注中披露。这种模式以报告日的公允价值取代历史成本进行后续计量,提高了报表信息质量的相关性,较好地满足了信息使用者的需要。但公允价值确定中的技术困难、公允价值对传统历史成本计量属性的冲击、公允价值变动带来的未实现损益问题、套期会计实务操作的复杂性及金融工具分类的可操作性等都是不能忽视的问题。

第三种模式:公允价值计量、表内披露模式。即衍生金融工

具所代表的权利或义务在资产负债表内确认为金融资产和金融负债;初始计量以及每一后续计量时日,都以公允价值计量所有金融工具。对金融工具全面使用公允价值进行计量,可以获得有关金融工具一致并相关的信息,同时套期会计将没有存在的必要,大大简化了会计实务处理,减少了企业管理层的操纵空间,使财务报表的基础免受套期会计的影响。但采用公允价值计量一贯以历史成本为计量属性的基本金融工具,将对传统会计处理程序产生深远的影响。因此,这种模式仅是未来发展的一种趋势,现仍处于理论探讨阶段。

实际上,以上三种模式反映了国际上衍生金融工具会计准则研究在不同阶段不断发展的成果。FASB 133 和 IASC 39 以前发布的衍生金融工具会计准则可以归纳为第一种模式,FASB 133 和 IASC 39 及以后发布的有关准则属第二种模式,第三种模式是 FASB 和 IASC 所追求的理想模式,尚处于探索之中。因此,目前国际上实际采用的模式主要是模式一和模式二。

无论哪种会计准则模式都有一定的利弊,具体选择时主要看市场的发展程度和会计信息的可操纵程度等。如果相关市场发展得比较完善,容易从市场上获得较为可靠的公允价值信息,而且这些信息在一定程度上不容易被操纵,那么就可以采用模式二;否则应该采用模式一。因为公允价值的公允要求存在一个活跃、健全的市场提供公平交易价格,如果缺乏这样的市场,就会影响计量的可靠性。目前,我国的金融市场虽然发展很快但仍不算发达,比如股票市场只能算弱式有效,除国债市场外我国还没有上市交易的公司债券市场。从某种程度上讲,我国公允价值计量属性的客观环境尚未形成,会计信息的可操纵程度较强。

此外,我国衍生金融工具的创新尚在初始阶段,不仅种类少,而且在一般企业不占重要地位。因此,根据现实条件,现阶段我国衍生金融工具会计准则模式宜采用第一种模式,将衍生金融工具交易作为表外业务进行核算。

但是公允价值计量属性毕竟有其优越性,尤其适用于面向未来交易的衍生金融工具,并且,以公允价值取代历史成本计量已是国际衍生金融工具会计的发展趋势。因此,现阶段我国衍生金融工具会计处理并不排斥公允价值计量,只是从历史成本到公允价值需要一个发展过程。

**(二)衍生金融工具信息披露规范**

根据前面所述的会计规范总体思路及选择的会计准则模式,现阶段我国衍生金融工具会计规范的主要任务是制定信息披露准则。国际上通常把衍生金融工具信息披露与基本金融工具一起考虑,构成金融工具披露准则的一部分。我国最好也根据这一国际惯例制定包括衍生金融工具在内的金融工具信息披露准则,以保证规范的一致性。

1. 衍生金融工具信息披露的要求

相对于其他会计事项而言,对衍生金融工具会计信息作较高要求的揭示是十分必要的。首先,由于衍生金融工具非常复杂,其交易活动对企业财务状况、经营业绩和现金流量可能会产生重大影响,有关的投资者、债权人需要根据充分、准确的信息才能做出合理的评价和决策,不充分的信息披露可能会导致严重的决策失误;其次,一些衍生金融工具伴随市场的无常波动、逃避管制、税法变化或其他刺激因素而产生或将要产生,有关监管部门必须根据详实的相关会计信息掌握衍生金融工具的运用状况,以此对其进行有效监管和风险防范;再者,随着我国参与国际经济一体化进程的加快,衍生金融工具在企业经营业务和融投资活动中的作用越来越重要,但许多投资者、债权人及其他有关各方对它还不十分了解。

规范的信息披露要求企业依据衍生金融工具的性质将定性和定量数据结合起来,披露的详细程度则可以视其对企业的相对重要性而异。比如,当企业具有某类类似特征的大量衍生金融工具,且其中没有一项单独的合约特别重要时,可以按此特定类别的衍生工具提供概括的信息;如果某项衍生金融工具代表企业资本结构的一个重要因素,则关于该项工具的具体信息可能就是重要的,应单独予以披露。

2.衍生金融工具信息披露的内容

企业披露的信息应至少包括五方面内容。

(1)描述企业发行或持有的所有衍生金融工具,包括它们的类别和性质、合约条款和条件、金额、期限以及对未来现金流量可能产生的重大影响等。类别应披露到所属的小类,如利率期货、股票期权、可转换债券等;性质是指属于金融资产还是金融负债。对于合约条款和条件,只要与企业现行财务状况或未来经营成果有关,均应披露。

(2)从事衍生金融工具交易的目的,即是为了套期保值还是为了投机。因为不同的交易目的会对企业的风险和收益产生不同程度的影响,从而影响投资者的决策行为,必须揭示这方面的信息。对于套期保值而持有的衍生金融工具,应揭示交易的背景和策略、被套期保值交易的情况、对套期保值有效性的评价方法、期间以及套期保值中止时所可能采取的会计政策等;对于投机目的而持有的衍生金融工具,应揭示交易所产生的金融资产和金融负债,分别计算其平均公允价值,并与其期末相关的公允价值一并列示。对于投机活动的衍生金融工具及用于套期保值目的的其他衍生金融工具,还应按类别分别说明损益的确认方法,及将衍生金融工具确认为套期保值的标准。

(3)与衍生金融工具信息披露有关的重要会计政策和会计方法,包括运用的确认标准和计量基础。为了使报表使用者了解金融资产和金融负债的计量基础,会计政策的披露规定不仅要求说明是否运用了成本、公允价值或某些其他计量基础,还应说明运用哪些基础的方法。

(4)公允价值,无论衍生金融工具是否已经确认或未确认,企业都应在会计报告上披露其公允价值的信息,包括报告日衍生金融工具的公允价值、取得公允价值的方法、取得公允价值过程中所运用的会计假设。提供公允价值信息有助于报表使用者估计企业整个财务状况和未来现金流量,也有利于不同发行目的和发行时间的衍生金融工具在同一经济条件下进行比较。

(5)与衍生金融工具有关的各种金融风险和风险管理政策。金融风险包括价格风险、信用风险、流动性风险和现金流量风险。其中,价格风险包括货币风险、利率风险和市场风险,它们分别是因外汇汇率、市场利率或市场价格变动而引起的衍生金融工具价值变动的风险。披露这种信息可以为报表使用者提供评价企业所承受的利率价格风险以及潜在利得或损失的基础。信用风险是指由于金融工具的一方不能履行义务而导致另一方发生财务损失的风险。对于信用风险的披露需要说明衍生金融工具合约中,如果另一方未能履行其义务可能带来的最大损失额。总之,这些风险因素中,能够作出定量分析的,应进行定量分析;不能作出定量分析的,应进行定性描述。在披露各种金融风险程度的同时,还应披露风险管理政策,其详细程度可依据这些衍生金融工具的相对重要性而定。

此外,为了增加报表使用者对衍生金融工具信息的理解程度,还可以附加说明其他一些情况,使游离于财务报表之外的衍生工具得到有效的管理和控制。

3.衍生金融工具表外信息披露的形式

衍生金融工具表外信息披露形式,可以根据需要披露的内容以及衍生金融工具交易量的大小和交易目的的不同,采取编制附表方式或在报表附注中加以描述。鉴于衍生金融工具对信息使用者的重要性，衍生金融工具仍处于不断创新之中，不同的衍生金融工具，它的性质、风险各异，报表信息使用者对其关注程度亦不相同，为保证充分揭示衍生金融工具信息，可以在财务报表之外增设以下三张附表。

首先，应增设一张"衍生金融工具交易明细表"（见表 7-1），详细列明衍生金融工具的类别、性质、风险系数、交易金额、公允价值、到期日等内容，以便投资者自行判断，做出决策。由于有关持有或发行衍生金融工具目的的信息对投资者、债权人一般都非常重要，也可再编制一张按照持有目的分栏、按种类分行设置的衍生金融工具明细表。但鉴于我国政府对金融投机一直采取严格的管制政策，绝大多数企业衍生金融交易都是套期保值的现状，目前可以不按目的设置明细表。

**表 7-1　衍生金融工具交易明细表**

| 名　　称 | 性质 | 交易金额 | 公允价值 | 期限 | 风险系数 | 到期日 |
|---|---|---|---|---|---|---|
| 应收期汇合约 | | | | | | |
| 应付期汇合约 | | | | | | |
| 应收货币互换 | | | | | | |
| 应付货币互换 | | | | | | |
| …… | | | | | | |

其次，可以借鉴国际会计准则委员会的建议，增设一张衍生金融工具损益情况表（见表 7-2），用于综合反映衍生金融业务的损益情况。所有有关衍生金融工具，无论已经确认或未确认，其公允价值变动所产生的利得或损失，包括已实现损益和未实现损益，都应在该情况表中反映，以利于信息使用者对衍生工具风险和损益情况进行分析和控制。

表 7-2　衍生金融工具损益情况表

| 名称 | 已实现损益 | 未实现损益 | | | |
|---|---|---|---|---|---|
| | | 前期累计 | 本期未实现 | 本期转出 | 本期累计 |
| 外汇远期合约 | | | | | |
| 外汇期权合约 | | | | | |
| 货币互换合约 | | | | | |
| 股指期货合约 | | | | | |
| 利率期货合约 | | | | | |
| …… | | | | | |

　　再次,可以根据衍生金融工具对企业的重要性程度,选择增设一张包括衍生金融工具在内的资产负债总括表(见表 7-3),即在原有资产负债表内容的基础上,增添衍生金融工具业务所产生的金融资产和金融负债项目,并将资产负债表由流动性分类的结构,改为按金融性、非金融性分类,形成一张内容完整的资产负债表。报表上的金融资产和金融负债应按报告日公允价值列示。

表 7-3　资产负债总括表

| 金融资产 | 金融负债 |
|---|---|
| 应收外汇远期 | 应付外汇远期 |
| 买入外汇期货 | 卖出外汇期货 |
| 应收货币互换 | 应付货币互换 |
| 买入股指期货 | 卖出股指期货 |
| …… | …… |
| …… | 股东权益 |
| …… | |
| 资产总额 | 负债及股东权益总额 |

综上所述,根据衍生金融工具的预期发展状况,不断研究探索衍生金融工具会计理论和实务,尽快制定出适合我国实际并与国际会计准则相衔接的衍生金融工具会计准则,有利于衍生金融工具在我国得到有效利用并迅速健康发展。

# 第六节　发展衍生金融市场

为促使衍生金融工具的运用,应不断改善宏观金融环境,积极发展衍生金融市场。

(1)加快市场化进程,使利率、汇率等金融资产价格都能随行就市,由资金市场的供求状况来决定,为衍生金融工具的运用提供较好的前提条件。

(2)丰富金融市场的交易品种,拓展金融机构的业务范围,增加 Future、Option、Swap、NIFs 和 FRA 等一系列衍生金融工具的交易平台,健全金融市场运作机制,为企业运用衍生金融工具营造良好的活动空间。

(3)进一步加强中国人民银行的宏观调控能力,通过公开市场业务等货币政策工具对金融市场进行有效调控,以规范市场交易行为,起到良好的市场导向作用。

# 第八章　结束语

　　跨国经营是指企业对外直接投资,即通过国外生产、国外销售来实现企业的国际化,反映的是国际经济之间的联系,主要体现在要素配置、生产经营、产品交换三方面,其实质是以国际市场为舞台、以开拓国际市场为目标,通过在国外设立分支机构或子公司,广泛利用国内外资源进行综合运筹,全方位地参与国际分工竞争和合作。与进出口贸易、对外投资、国际化经营、跨国公司等不完全相同,它必须具备两个基本要素:一是进行对外直接投资,即强调企业对海外资产的控制权,或对其经营管理施加有效影响,这种控制和有效影响一般通过股权加以保证;二是根据优化资源配置的原则,在最有利于实现企业战略目标的国家直接设置生产经营基地,并以此为基础在母国之外的其他国度里展开以营利为目的的生产经营活动。

　　本书的研究对象就是从事跨国经营业务的企业。

　　15 世纪起,旨在发现新大陆的海上探险活动促进了早期西方国家的经济扩张,从而拉开了跨国生产经营的序幕,至今已有五个多世纪的发展历程。

　　随着跨国经营活动的日益推进和广泛开展,从 1776 年亚当·斯密发表《国民财富的性质和原因的研究》一书首次提出主张自由贸易的绝对优势理论开始,其相关的理论研究也已历经了三个多世纪的演变与发展。其主流学说主要被分为两大类:一类为基于国际贸易学说的跨国经营理论,属于宏观分析理论,在市场完全竞争的假定条件下运用比较优势原则解释和分析对外直接投资行为,其发展相对成熟的有比较优势理论、产品生命周期理论和比较优势投资论三种学说;另一类为基于产业组织学说的跨国经营理论,属于微观分析理论,在市场不完全竞争的假定条件下从产业组织和市场结构角度探讨跨国公司对外直接投资的动因及其条件,主要有垄断优势论、市场内部化理论和国际生产折衷理论等学说。此外,一些经济学家从资金和货币角度对跨国公司投资行为进行分析和研究,如阿利伯的通货区域理论等。20 世纪 90 年代以后,随着国际经营环境的变迁,出现了系列跨国经营新理论。

中国企业的跨国经营经过了从无到有、从小到大、从弱到强的发展历程,日益彰显出中国企业参与国际分工和竞争的能力。20 世纪初期,以华昌公司为代表的一批中国企业在美洲及东南亚等地从事钨矿开采、稀有金属加工、冶炼及贸易和工程服务等业务,开始了中国跨国经营的历史。20 世纪 40 年代末期,大批民族工业迁移至香港或台湾地区继续谋求发展,其中部分企业在 50—60 年代开始向海外扩张,如南洋纺织、永泰集团、远东集团、永新集团等。

建国后的 50—70 年代,由于种种原因,大陆企业的跨国经营基本处于停滞状态,中国的涉外跨国性经济活动主要围绕着对外经济援助展开。我国政府先后向朝鲜、越南、阿尔巴尼亚、柬埔寨、也门、坦桑尼亚等近 70 个国家提供了 1307 个经济与技术援助项目,这些项目大部分集中在交通运输、工业、农业等基础设施的相关领域。这些援建活动从严格意义上分析,与企业的跨国经营有着本质区别。但由于其涉及国内十几个行业、上千家企业和几十万工程技术人员和管理人员,使相关部门、企业及工作人员积累了丰富而宝贵的涉外经验,从而为改革开放以后中国企业的跨国经营奠定了重要基础。

改革开放以来,中国企业的跨国经营发展大致经历了1979—1983年的起步阶段、1984—1998年的缓慢发展阶段和1999年至今的快速发展阶段。近年来,中国企业跨国经营活动中对外投资办厂和加工装配业务已扩展到170多个国家和地区,涉及贸易、生产加工、资源开发、交通运输、承包工程、金融业、农业及农产品综合开发、医疗卫生、旅游餐饮及咨询服务等多个领域;对外承包工程业务分布在180多个国家和地区,涉及建筑、石油化工、电力、交通、通讯、水利、冶金、铁路、煤等领域,为中国经济和世界经济的发展做出了重要贡献。

然而,由于跨国经营企业是以一种国际性的、跨国界的方式从事经营活动,不可避免地会在世界范围内投放和回收大笔外汇资金、收付大量外汇,并拥有巨额以外币表示的债权债务。因此,跨国经营企业在其跨国经营活动中始终面临着一个非常重要的问题:汇率风险。

综观近十几年来国内外有关文献,研究汇率波动对一国贸易收支状况影响或与股指之间关系的文献较多,但关于汇率波动与跨国经营企业经营业绩之间的研究非常少,尤其是实证研究则更少。

本书借用陈占强在《汇率和公司利润》一文中建立的有关模型,分别选取电子信息行业中出口业务比重较大且上市的深康佳、青岛海尔、方正科技、四川长虹、美菱电器、美的电器、厦华电子、春兰股份、海信电器、中兴通讯等10家跨国经营企业,和浙江省电子信息行业中出口业务比重较大且上市的东方通信、浙大网新、数源科技、波导股份、信雅达、士兰微、恒生电子等7家跨国经营企业为样本,建立汇率和样本跨国经营企业主营业务利润之间的计量经济学方程,并运用回归分析技术分别做当期、滞后一期至三期或四期的测算,利用测算结果来判定跨国经营企业利润对汇率的弹性,以分析汇率波动对跨国经营企业利润是否存在着影响,以及这种影响是否是滞后的。

对电子信息产业 10 家跨国经营企业经营业绩影响的实证分析结果是,当期汇率变动对同期跨国经营企业利润有一定影响,在所有样本中有 30％ 的企业显示其相关系数显著异于 0；但当期汇率波动对滞后一期至三期跨国经营企业利润几乎没有影响,在所有样本中,相关系数显著异于 0 的一家也没有；当期汇率波动对滞后四期跨国经营企业利润有较大影响,在所有样本中有 80％ 的企业显示其相关系数显著异于 0。这说明跨国经营企业利润的变动有一部分是由于前三年的汇率变动所致,呈现出较明显的"J 曲线效应"现象。

对浙江省电子信息类 7 家跨国经营企业经营业绩影响的实证分析结果是,当期汇率变动对同期跨国经营企业利润有一定影响,在所有样本中有近 30％ 的企业显示其相关系数显著异于 0；但当期汇率波动对滞后二期跨国经营企业利润无明显影响,在所有样本中,相关系数显著异于 0 的一家也没有；当期汇率波动对滞后三期跨国经营企业利润有显著影响,所有样本企业都显示其相关系数显著异于 0。这说明前二年的汇率变动是导致跨国经营企业利润变动的主要原因之一,也呈现出较明显的"J 曲线效应"现象。

由此可见,汇率波动对中国跨国经营企业的经营业绩存在着影响,并且这种影响是滞后的。因此,对中国的跨国经营企业而言,同样需要对汇率风险加强管理。

汇率风险是指经济主体在持有或运用外汇的经济活动中,因汇率变动而蒙受损失或获取收益的可能性,主要有交易风险、经营风险和折算风险三类。针对不同类型的汇率风险,可以采取不同的管理方法。

通常,跨国经营企业可以采取货币保值措施、金融市场操作以及提前或延期结汇、进出口贸易结合、BSI、LSI、福费廷、保付代理、货币风险保险、经营活动多样化、财务活动多样化、资产负债表抵补保值等一系列管理措施用以管理汇率风险,还可以采取限价、一般远期、择期、套汇、套利、套期等基础金融工具及其交易活动,或者期货、期权、互换、综合远期外汇协议等衍生金融工具及其交易活动,用以规避和防范汇率风险。尤其是各种衍生金融工具,具有独特的汇率风险管理功能,如外汇期货的套期保值功能、外汇期权的远期选择功能、互换交易的"双赢"功能以及综合远期外汇协议的"锁定"功能等。

中国企业大约于 1984 年开始涉足衍生金融工具交易。其发展属于先开办后立法、边开办边立法的模式,多数衍生金融工具的出现、运用和发展都经历了断断续续、停停开开、一波三折、险象环生的历程,这是中国衍生品市场发展的特殊性。经过 20 多年的发展,终于有了长足的进步。但我国跨国经营企业运用衍生金融工具管理汇率风险的现状并不令人乐观,存在着企业经营管理者金融风险意识淡薄、商业银行等金融机构提供衍生金融工具规避汇率风险的业务能力尚有欠缺、外汇管制过严以及会计制度相对滞后等一系列问题。

从某种意义上说,跨国经营企业运用衍生金融工具管理汇率风险,是一个复杂的系统工程,它涉及使用者、提供者、监管者及基础产品市场等方方面面。因此,只有完善公司治理结构、健全商业银行业务规范细则、放松金融管制、加强监管和法律法规制度建设、修正会计制度、发展衍生金融市场,才能促进中国跨国经营企业运用衍生金融工具管理汇率风险的效率。

# 参考文献

## 中文参考文献

1. 毕红毅,《跨国公司经营理论与实务》,经济科学出版社,2006.8。

2. 王林生、范黎波,《跨国经营理论与战略》,对外经济贸易大学出版社,2003.5。

3. 王志乐,《2007 走向世界的中国跨国公司》,中国经济出版社,2007.2。

4. 卢馨,《构建竞争优势——中国企业跨国经营方略》,经济管理出版社,2003.9。

5. 邵祥林,《"走出去"跨国经营——中国经贸强国之路》,中国经济出版社,2005.7。

6. 鲁桐,《中国企业跨国经营战略》,经济管理出版社,2003.8。

7. 吴声功,《跨国公司经营管理》,上海人民出版社,2003.6。

8. 康荣平、柯银斌,《华人跨国公司成长论》,国防大学出版社,2001.9。

9. 原毅军,《跨国公司管理(第四版)》,大连理工大学出版社,2006.11。

10. 鲁明泓,《国际企业管理》,中国青年出版社,1996.10。

11. 郭铁民、王永龙、俞姗,《中国企业跨国经营》,中国发展出版社,2002.8。

12. 上海财经大学世界经济发展报告课题组,《2007 世界经济发展报告》,上海财经大学出版社,2007.11。

13. 陈占强,"汇率与公司利润",《系统工程理论与实践》,1998.10。

14. 戴永良,"人民币汇率对乡镇企业出口影响分析",《经济研究》,1999.1。

15. 谢智勇、徐璋勇等,"亚洲金融危机以来人民币汇率与进出口贸易增长关系的实证分析",《国际金融研究》,1999.7。

16. 周毓萍,"实际汇率对我国贸易影响的实证研究",《国际经贸探索》,2001.3。

17. 刘龙庭,"汇率变动对一国进出口贸易的影响——对'J曲线效应'的实证分析",《云南财贸学院学报》,2002.3。

18. 许和连、赖明勇,"人民币实际有效汇率与中国工业制成品对外贸易平衡的长期关系分析",《商业研究》,2002.4。

19. 陈平、熊欣,"进口国汇率波动影响中国出口的实证分析",《国际金融研究》,2002.6。

20. 李海菠,"人民币实际汇率与中国对外贸易的关系——基于1973—2001 年数据的实证分析",《世界经济研究》,2003.7。

21. 陈然方,"论汇率和股价的相互作用与影响",《财经理论与实践》,1999.2。

22. 张碧琼、李越,"汇率对中国股票市场的影响是否存在:从自回归分布滞后模型（ARDL-ecm）得到的证明",《金融研究》,2002.7。

23. 武圣清、叶德良,"汇率变动对企业价值的影响分析",《财务研究》,2003.1。

24. 谷秀军,"人民币汇率波动对跨国公司影响显而易见",《金融时报》,2006.7.13。

25. 许少强、朱真丽,《1949—2000 年的人民币汇率史》,上海财经大学出版社,2002.12。

26. 席酉民、韩平、张禾,《企业集团竞争力与业绩综合评价》,机械工业出版社,2004.6。

27. 冯丽霞,《企业财务分析与业绩评价》,湖南人民出版社,2002.3。

28. 甄增荣、谢振莲,"企业经营业绩评价的现状与发展",《首都经济贸易大学学报》,2004.3。

29. 朱杰、葛长剑,"上市公司财务效绩评价研究",《中国流通经济》,2004.6。

30. 杜萍、王兰,"企业业绩评价模式的现实选择",《求实》,2004.S4。

31. 都红雯、胡赟、庄巧英,"汇率波动对我国跨国经营企业经营业绩的实证分析",《杭州电子科技大学学报》,2006.3。

32. 刘昊虹,"企业外汇风险及防范对策",《广东金融学院学报》,2004.8。

33. 刘亚,《国际金融风险论》,中国金融出版社,1995.3。

34. 林后春,《金融风险及其防范》,中国发展出版社,2000.1。

35. 于润、张岭松,《国际金融管理》,南京大学出版社,2002.12。

36. 陈雨露,《国际金融》,中国人民大学出版社,2000.1。

37. 姜波克,《国际金融学》,高等教育出版社,1999.8。

38. 钱荣堃,《国际金融》,四川人民出版社,2000.7。

39. 陈彪如,《人民币汇率研究》,华东师范大学出版社,1992.6。

40. 陈绍昌,《国际金融计算技术》,中国对外经济贸易出版社,1998.6。

41. 童赠银,《国际金融产品交易技术》,中国金融出版社,1997.10。

42. 刘东明,"跨国公司如何应对交易中汇率波动风险",《商业时代》,2004.33。

43. 宋逢明,《金融工程原理》,清华大学出版社,1999.10。

44. 洛伦兹·格利茨,《金融工程学》,经济科学出版社,1998.10。

45. 斯科特·梅森、罗伯特·默顿等,《金融工程学案例》,东北财经大学出版社,2001.4。

46. 叶永刚,《衍生金融工具》,中国金融出版社,2004.1。

47. 郑振龙,《衍生产品》,武汉大学出版社,2005.2。

48. 张华,《金融衍生工具及其风险管理》,立信会计出版社,1999.1。

49. 李启亚,"金融衍生产品与中国资本市场的发展",《经济研究》,2000.2。

50. 胡奕明,"金融期权衍生技术的新发展",《金融研究》,2001.4。

51. 周立,"金融工程的战略位置及在我国的发展",《财经理论与实践》,1999.9。

52. 李焰,"未来十年金融衍生产品市场在中国的发展趋势",《经济理论与经济管理》,2000.3。

53. 陈引,"国外衍生金融工具会计研究的最新进展及对我国的启示",《浙江财税与会计》,2002.6。

54. 徐经长,《衍生金融工具管理》,中国财政科学出版社,1998.9。

55. 周立,《金融工程与风险管理》,中国金融出版社,2001.8。

56. 于研,《金融互换交易》,上海财经大学出版社,1999.12。

57. 朱国华、毛小云,《金融互换交易》,上海财经大学出版社,2006.12。

58. 王明华,《金融工程与金融效率相关问题研究》,中国经济出版社,2001.1。

59. 都红雯,"《巴塞尔新资本协议》对金融衍生交易信用风险计量方法的新进展及启示",《管理世界》,2004.6。

60. 都红雯,"《巴塞尔新资本协议》对金融衍生工具实施监管的新进展",《国际金融研究》,2003.12。

61. 都红雯、黄颖正,"互换交易两大基本功能的博弈分析",《WTO与金融工程》,中国社会科学出版社,2003.6。

62. 都红雯、陈高才,"公司运用金融衍生工具进行套期保值活动的动因分析",《商业研究》,2004.19。

63. 都红雯,"金融衍生品对企业融资的挑战",《浙江财税与会计》,2002.9。

64. 都红雯、金月华,"企业如何降低利率风险——FRA在企业融投资决策中的运用",《浙江经济》,2002.6。

65. 都红雯、周蓉蓉,"SAFE在我国外汇利率风险管理中的运用",《浙江金融》,2001.3。

66. 樊志刚、马素红,"金融衍生产品或发展的新特点与国内商业银行的策略研究",《金融论坛》,2006.4。

67. 朱颖,"对商业银行金融衍生产品交易风险防范的思考",《中国市场》,2006.3。

66. 巴曙松,"中国金融衍生品发展路径——从国际比较看中国选择",中经网,2006.2.8。

67. 杨新兰,"金融衍生产品市场与风险管理",《金融参考》,2006.1。

68. 谭春芝,"我国金融衍生品市场监管:挑战与改革",《金融与经济》,2005.4。

69. 葛敏、席月民,"我国金融衍生品市场统一监管模式选择",《法学杂志》,2005.2。

70. 周小舟,"银行与衍生品交易系列报道之二",《国际金融报》,2004.10.18。

71. 周小舟,"银行与衍生品交易系列报道之十五",《国际金融报》,2005.2.21。

72. 都红雯、金月华、曾爱民，"跨国经营企业如何防范汇率风险"，《浙江经济》，2005.7。

73. 都红雯、杨晓敏，"商业银行参与金融衍生品交易的现状分析及对策思考"，《浙江金融》，2006.11。

74. 都红雯、杨爱文、田穗、蔡勇，《现代金融学基础》，浙江大学出版社，2007.1。

75. 中华人民共和国国家统计局，《中国对外经济贸易年鉴》，1985—2007。

76. 中华人民共和国国家统计局，《中国统计年鉴》，1980—2007。

77. 中华人民共和国国家统计局，《新中国五十五年统计资料汇编》，中国统计出版社，2005.11。

78. 中华人民共和国商务部，www. mofcom. gov. cn

79. 中华人民共和国国家外汇管理局，www. safe. gov. cn

80. 中国人民银行，http://www. pbc. gov. cn

81. 金融界数据中心，http://datacenter. jrj. com. cn

## 外文参考文献

1. Richard R. Nelson，*The Source of Economic Growth*，Harvard Press，1996

2. Philippe Aghion. Peter W. Howit，*Endogenous Growth Theory*，MIT Press，1998

3. Dunning J. H.，*Explaining International Production*，Unwin Hyman，1988

4. Bailey M. J. and G. S. Tavlas，"Exchange-rate Variability and Direct Investment，" *The Annals*，AAPSS 516，1991

5. Hongmo Sung and Harvey E. Lapan，"Strategy Foreign Direct Investment and Exchange-rate Uncertainty，" *International Economic Review*，Vol. 41，May 2000

6. Aitken B. Hanson G. and Harrison A. , "Foreign Invest-ment, Export Behavior and Spillovers," *Journal of International Economics*, 43, 1997

7. S. H. Hymer, *The Operational of National Firms, A Study of Direct Foreign Investment*, MIT Press, 1976

8. J. H. Dunning, *International Production and the Multinational Enterprise*, George Allen &. Unwin, 1981

9. Shaprio, "A Exchange Rate Changes and the Value of the Multinational Corporation," *Journal of Finance*, 30, May 1975

10. Jorion P. , "The Exchange Rate exposure of US multinationals," *Journal of Business*, 63, 1990

11. Dell Ariccia G. , "Exchange Rate Fluctuations and Trade Flows: Evidence from the European Union," *IMF Staff Papers*, 3, 1999

12. Smith C. , "Stock Markets and the Exchange rate: A Multi-country Approach," *Journal of Macroeconomics*, 14, 1992

13. Mian Shehzad L. , "Evidence on corporate hedging policy," *Journal of Financial Quantitative Analysis*, 31, 1996

14. Cushman D. O. , "US Bilateral Trade Flows and Exchange Rate Risk during the Floating Period," *Journal of International Economics*, Vol. 24, 1988

15. Frankel J. A. &. Wei Shang-Jin, "Trade Blocks and Currency Blocks," *NBER Working Paper*, No. 4335, 1993

16. Dell Ariccia G. , "Exchange Rate Fluctuations and Trade Flows: Evidence from the European Union," *IMF Staff Papers*, Vol. 46, No. 3, 1999

17. Dornbusch R. and S. Fisher, "Exchange Rates and the

Current Account", *American Economic Review*, 70, 1980

18. Aggarwal R. , "Exchange Rates and Stock Prices: A Study of the US Capital Markets under Floating Exchange Rates," *Akron Business and Economic Review*, 7, 1981

19. Soenen L. A. and E. S. Hennigar, "An Analysis of Exchange Rates and Stock Prices-The US Experience between 1980 and 1986, " *Akron Business and Economic Review*, 1988

20. I. S. Abdalla and V. Murinde, "Exchange Rate and Stock Price Interaction in Emerging Financial Markets, "*Applied Financial Economics*, 1997

21. Shaprio A. , "Exchange Rate Changes and the Value of the Multinational Corporation," *Journal of Finance*, 30, May 1975

22. Jorion P. , "The Exchange Rate Exposure of US Multinationals," *Journal of Business*, 63, 1990

23. Marrice D. Levi, "Exchange Rates and the Valuation of Firms," *The Macroeconomic Environment and The Firm*, 1992

24. John C. Hull, *Options, Futures, and Other Derivatives*, 清华大学出版社, 2001. 9

25. Barton Jan, "Does the Use of Financial Derivatives Affect Earnings Management Decisions," *The Accounting Review*, Vol. 76, No. 1, Jane 2001

26. Carpenter Jennifer N. , "Does Option Compensation Increase Managerial Risk Appetite?" *Journal of Finance*, No. 55, 2000

27. Grossman S. J. , "An Analysis of The Implications for

Stock and Futures Price Volatility of Program Trading and Dynamic Hedging Strategies," *Journal of Business*, 61, 1998

28. Hentshel Ludger and S. P. Kothari, "Are Corporations Reducing or Taking Risks with Derivatives?" *Journal of Financial and Quantitative Analysis*, Vol. 36, No. 1, March 2001

**图书在版编目 (CIP) 数据**

跨国经营企业汇率风险研究 / 张新杰,都红雯著. —杭
州：浙江大学出版社，2009.3
ISBN 978-7-308-06457-6

Ⅰ.跨… Ⅱ.①张…②都… Ⅲ.汇率－风险管理－关系－
跨国公司－企业管理－研究 Ⅳ.F820.2 F276.7

中国版本图书馆 CIP 数据核字（2008）第 201709 号

**跨国经营企业汇率风险研究**

张新杰　都红雯 著

| | |
|---|---|
| **策划编辑** | 徐　婵 |
| **责任编辑** | 李海燕 |
| **文字编辑** | 徐　婵 |
| **封面设计** | 刘依群 |
| **出版发行** | 浙江大学出版社 |
| | （杭州天目山路 148 号　邮政编码 310028） |
| | （网址 :http://www. zjupress.com） |
| **排　　版** | 杭州中大图文设计有限公司 |
| **印　　刷** | 杭州杭新印务有限公司 |
| **开　　本** | 880mm×1230mm　1/32 |
| **印　　张** | 8 |
| **字　　数** | 190 千 |
| **版 印 次** | 2009 年 3 月第 1 版　2009 年 6 月第 2 次印刷 |
| **书　　号** | ISBN 978-7-308-06457-6 |
| **定　　价** | 20.00 元 |